コンサル脳を鍛える

中村健太郎
KENTARO
NAKAMURA

BOW BOOKS

はじめに

気がつけば、二十年以上、戦略コンサルティングに携わってきました。その中で、自分はいったい、何を成し遂げてきたのか？

顧客への圧倒的な価値の提供――それこそ、コンサルタントの義務であり、使命であり、存在意義です――と言いたいところですが……正直に申し上げて、全てのプロジェクトにおいて、それができたかというと、自信がありません。


けれども、私が成し遂げたこととして、胸を張って言えることがあります。

それは、市場から必要とされるビジネススキルを身につけたこと。そして、それを後進に指導してきたこと。さらには、それを用いて、コンサルティングに限らず、さまざまな領域で付加価値の提供に貢献できていることです。

筆者は、今、「コンサルティングファームの経営」「サッカークラブの経営」「Jリーグのストラテジーディレクター（野々村チェアマンの参謀）」「学校法人の理事」などへと、ビジネスフィールドを広げており、身についたビジネススキルは、いずれのビジネスでも通用すると、我ながら驚いています。

つまり、私がコンサルティングファームで働く中で身につけてきたビジネススキルは、コンサルタントを目指す学生や新人コンサルタントは言うまでもなく、一般の事業会社のビジネスパーソンから、教育、スポーツその他、さまざまな仕事に必要かつ有効なものだったのです。

実際、大手のコンサルティングファームを辞めたのち、コンサルティングプロジェクト以外で関わる方が増えるにつれ、コンサルティングスキルを身につけたい、スキルを身につける効果的なトレーニング方法を教えてほしい、という声を多数いただくようになりました。

けれども、それについては、二つの大きな疑問を抱いていました。

・私に限らず、たしかに、コンサルティングファームで活躍した人のスキルレベルは一般的に高く、市場価値に直結している。しかし、全員ではない。ファームの中でも、スキルが身につく人とつかない人がいる。入社時、非常に期待された人が伸びない、あるいはその逆の例も多く見てきた。それはなぜか？

・巷にはコンサルティングのノウハウ本が溢れている。にもかかわらず、コンサルティングファームにいた人のスキルが相対的に高い。これはなぜか？　本では学べない何かがあるのか？

ようやく見つけたその答えは、「脳の鍛え方」にありました。

巷に溢れるさまざまなコンサルティング・ノウハウがアプリケーションだとしたら、OSにあたる部分、いわば「コンサル脳」とでも言うべき部分があり、コンサルティングスキルを身につけるには、その部分を鍛えなくてはいけなかったのです。

それと同時に、その鍛え方にも間違ったものが多いことにも気づきました。身につけるべきスキルは正しくても、適切な鍛え方をしないとスキルは身につかない、ということも見えてきたのです。

こうして、スキルを身につけたい、トレーニング法を知りたい、という顧客の方々のご要望に応える形で、自分の疑問を解消できる「脳の鍛え方」を方法論化し、実際のトレーニングを重ねる中で磨き込んできました。

その方法論のエッセンスを、できるだけ平易にコンパクトに、より多くの方にご提供するのが本書です。

本書を活用し、一人でも多くの方に、より効果的な方法でビジネススキルを身につけていただけたら幸いです。

中村健太郎

コンサル脳を鍛える——目次

序章

1　コンサル人気の理由

近年、就職先として、就活生の間で最も人気な業界の一つが、コンサルティング業界です。特に、東大、京大、一橋、東工大、早慶など、一流と言われる大学の学生の間での人気は高く、東大生の就職希望ランキングはこの三年間連続で、コンサル企業であるアクセンチュアがトップ。ほかにも、外資系ファーム、野村総研などが続きます。

なぜコンサルが人気なのか？　その志望動機を聞いてみますと、自分を試したい、つまり、外資コンサルティングファームというハードな職場で、自分の能力を試したい、という声をよく耳にします。ほかにはもちろん、収入が高いとか、外資がかっこいい、ということもありますが、最近、特によく聞かれるようになってきたのが、人生をショートカットしたいから、という理由。つまり、一般の事業会社に行くと、意思決定層にたどりつくまで三十年ぐらいかかるのを、コンサルティングファームに行けば、三年目、四年目から、事業会社の社長と議論ができる。三十年かけて、ようやく手に入れられることが、十分の一以下の時間でできるという点です。コスパ（コストパフォーマンス）ならぬタイパ（タイムパフォーマンス）という言葉が流行語にもなる昨今、これは、大きな魅力として映っているようです。

コンサルティングファームを志望する理由は、人によって時代によってさまざまですが、ベースにあるのは、スキルが向上すること、それによって、自分の市場価値が高くなる、ということではないでしょうか。

そのことが学生たちが就職先に求める条件ということになりますから、コンサルティングファームもそれに応えるように、「コンサルティングファームに入れば、スキルが上がります。市場価値が上がります」と訴えます。それらの相互作用で、スキル向上というコンサルティングファームの魅力が強化されているとも言えます。

単に訴えているだけではありません。実際に、コンサルティングファームに入れば、市場価値に直結するスキルが、一般事業会社にいるのとは桁違いのスピードで上がります。なぜなら、教育への投資規模が違うからです。その額、約十三倍。入社から三年間の累計で、事業会社の大体十三倍の教育投資（時間と予算の投入）が行われています。

量だけではありません。質も違います。具体的にどのように教育が行われているかは、まさに本書のテーマですのでこれから詳述していくことになりますが、ざっくり言うと、実践とフィードバックの仕組みが体系的に整えられ、徹底的に繰り返される、ということでしょうか。実務と乖離した座学と現場頼みのＯＪＴが中心の、多くの事業会社の研修との大きな違いです。

それはまさに、給料をもらいながらビジネスが学べるビジネススクールです。

「アメリカのビジネススクールに二年行ってＭＢＡをとるのに、だいたい二千五百万円かかるが、コンサルティングファームに入ると、その内容を、給料をもらいながら半年で学べる」と言われるゆえんです。

ビジネススキルに限らず、勉強はお金をもらってやるのが一番身につきます。趣味でブログを書いても、そんなにスキルは上がりませんが、印税や原稿料をもらって、つまり読者からお金をもらって本を書くとなると、真剣度が違う。スキル向上には、外からのプレッシャーが有効に作用します。

2　コンサルタントの市場価値

では実際に、コンサルティングファームを経験したコンサルタントの市場価値は高いのか、というと、はい、非常に高い。

たとえば、コンサルティングファームで五年間、順調にスキルを身につけると、ファームによって呼び方は違いますが、一般的にはマネージャーというポジションにつきます。そのとき、年収は一千万円を大きく超えます。二十代で一千万円以上の価値がつくわけです。ですから、それから事業会社や金融機関に転職する場合も、最初から、ある領域を任され、管理職、執行責任者での登用となるケースがほとんどです。

外資系企業の日本法人のエグゼクティブや、スタートアップのＣＥＯやＣＯＯとして、桁違いの高報酬で迎えられることもあります。最近は、自ら起業する人も増えており、成功しているスタートアップの経営者には、コンサルティングファーム出身者が多く見られます。

ちなみに、コンサルティングファームに在籍し続けると、マネージャーのあと、シニアマネージャー、次いで、パートナーに昇進し、主に案件獲得の業務に就くようになりますが、そのようにして、最後までファームに在籍する人は全体の二〜五％未満です。多くの人が、いくつかのフェーズで「卒業」していきます。

最初のフェーズは、特定の問題を解決できるようになったタイミング。マネージャーの手前で、コンサルタントとして立ち上がったタイミングです。

その後、マネージャーを務める中で、さまざまな分野でベーシックな問題解決ができるようになります。そして、だんだん複合的な問題の解決へと向かっていく。そうなると、シニアマネージャーです。だいたい入社六年目から八年目。ここで、「卒業」の二つめの波が来ます。

というのも、シニアマネージャーのあとは、パートナーになるわけですが、そこからは問題解決のスキルよりも、コンサルティングをどのように売るかという、クライアント企業のエグゼクティブとの信頼関係を構築するスキルが求められるようになってくるからです。つまり、広義の「営業力」です。私自身も、アクセンチュア時代、仕事の八割は「営業」でした。それが好きか嫌いかで、パートナーとしてファームに残るか転職するかに、分かれます。

3 コンサルティングファーム出身者の市場価値はなぜ高いのか？

さて、話を戻しますと、コンサルティングファームに五年間在籍し、プロジェクトマネジメント経験を持つ人材が事業会社から高給で迎えられるのは、それに値するビジネススキルを身につけ、実際に、成果を上げることを期待されるからです。

つまり、高い市場価値の源泉は、コンサルタントのスキルにあります。

だとしたら、コンサルティングファームにいなくても、自分でそのスキルを身につければいいのではないか。

実際、そのように考える人も多く、書店には、「ロジカルシンキング」とか「経営戦略」、「フレームワーク集」などなど、コンサルティングファーム出身者たちによる「コンサルのビジネススキル」的なノウハウ本が溢れています。直近では、その傾向が顕著で、まさに、ノウハウのダダ漏れ状態です。「経営コンサルタントの考え方」「経営コンサルタントの一日の生活」といった自己啓発書のようなものもあります。

ところが、だからといって、コンサル出身者以外の人がこぞって、コンサル出身者と同等のビジネススキルを身につけるようになった、という話はいっこうに聞きません。もしそうだとしたら、コンサル出身者の希少性がなくなり、市場価値は下がるはずなのですが、下がるどころか、上がる一方です。

ということはつまり、現在出ている書籍では本当のスキルは身につかない、そこにあるようなノウハウだけではないコンサルタント独自のビジネススキルがある、ということではないでしょうか？　そして、それこそが、高い市場価値に繋がるビジネススキルだということではないでしょうか？

一体それは何なんだろう？　若手コンサルタントの育成に携わってきた私にとっても、それは大きな疑問でした。

もとは、同じレベルの学生だったはずなのに、どうしてコンサルティングファームに入った人にはビジネススキルが身につくのか？

その要因の一端に気づいたのは、皮肉にも事業会社のエグゼクティブや優秀とされる若手のビジネススキルの低さに直面したことがきっかけでした。

クライアントの人材育成をするプロジェクトで、クライアント側から有望な社員を選抜し、コンサルティング側のプロジェクトメンバーとしてチームに入ってもらったときのことです。クライアント側の担当者としてわれわれと相対していたときは、コメントや資料の修正依頼なども非常にシャープに行う極めて優秀な方たちでした。ところが、実際にアウトプットをつくるコンサルティング側のチームに入ってもらい、彼・彼女らのつくるアウトプットを見たとき、その質の低さに衝撃を受けたのです。

たとえば、スライド作成は、コンサルタントの重要なアウトプットですので、コンサルティングファームではこれを徹底的に訓練します。私は、若手のスライドを十万枚以上添削してきましたが、添削の内容は「書き方」に関する指摘がほとんどでした。けれども、私が事業会社の社員のアウトプットを見て驚いたのは、そういういわば「お作法」のレベルではなく、そもそも文や文章が書けていない、ということだったのです。添削以前の問題でした。

議事録や企画書を見てもそれは明らかで、一時間の議論内容を適切にまとめて議事録に書く。

または、実地調査に基づき、ある命題に対して、その人なりのスタンスをとった企画提案を文書にまとめる。こういうことが、非常に苦手で、全く訓練を受けていないことは明らかでした。

ビジネススクールの講師を頼まれて行ったときもそうでした。参加者は、大手の事業会社の執行役員や本部長といったエグゼクティブの方々で、スクールは、彼らが経営陣、経営者になるための学びの場でしたが、初日に参加者のアウトプットを見たときにも、同様のことを感じました。文章の構成、指示語の使い方など、コンサルティングファームの若手にも及ばない水準のものでした。

では、コンサルティングファームで鍛えられる議事録と、事業会社のそれは、どこが違うのか？　企画書はどこが違うのか？　スライドではどこが違うのか？　そもそもその違いはどこから来ているのか？

そのあたりのことは、次章以降にご紹介していくこととして、ここでわかったことは、コンサルティングファームのコンサルタントの市場価値は、事業会社の方たちとのビジネススキルの差によって生まれていて、その要因の大半は、コンサルティングファーム側にあるというより、事業会社側にある、ということでした。

事業会社では、基礎的なビジネススキルを強化するトレーニングが圧倒的に不足しているということです。知識の問題ではなく、それを載せる器が整っていない。整う環境にないのです。

小さな脆い器の上に、やれ、デジタルだ、プラットフォームだ、サブスクだ、と知識としてのアプリケーションを載せたところで、砂上の楼閣、積み上がっていきません。世に出回っている、あるいはビジネススクールの教科書にあるような「ＭＢＡのビジネススキル」以前に、基礎的なビジネススキルが事業会社ではなかなか身につかない、ということだったのです。

4 基礎的なビジネススキルをどうやって身につけるのか？

では、その基礎的なビジネススキルの構成要素とは何なのか？　それらを身につけるには、何をどう学べばよいのか？　もしそれらがわかったら、つまり、コンサルティングファームでは、何を、どのように学んでいるかがわかって、それを適切に身につければ、コンサルタント並み、あるいはそれ以上の市場価値を持っていくことも可能ではないか、ということになります。

そして、それは実際に可能です。

それで、その内容ですが、基礎的なビジネススキルが何なのか、ということをお話しする前に、そもそもの大前提として、ビジネススキルのトレーニングにおいては、

OSとアプリケーションを分けて学ぶ必要がある

という共通認識をここで持ちたいと思います。

フレームワークとか、ロジカルシンキングとか、経営戦略とか、マーケティング戦略とか、そういったものは、全て「アプリケーション」です。そして、私がこれからお話ししようとしている基礎的なビジネススキルが、ＯＳです。土台と建物、器と中身、あるいは、ベースと応用と言い換えてもいいでしょう。

そして、重要なことは、コンサルティングファームでは、ビジネススキルをこの土台と建物に完全に分けてトレーニングする、ということです。

これに対して、事業会社では、それらが切り分けられることなく、ほとんど実践の中で自然に身につけていくことが期待されているのではないでしょうか。要するに、学ぶ内容も学び方も、定まっていないのです。

ビジネスパーソンの持つべき土台となるスキルと、その上に載る建物のようなスキルを完全に切り分けて、

まずは、土台を徹底的に磨く

これがコンサルティングファームがやっている「教育法」です。
徹底的に磨くとはどういうことかというと、必要なスキルを「定着させる」ことです。ただ単にわかっただけではだめです。完全に自分のものになるまで徹底的に鍛えます。そのために、脳を刺激します。脳の作用を味方にします。

刺激の入れ方と定着のさせ方にも方法があります。

刺激の入れ方は「必要性」、定着は「フィードバック」

がキーワードになります。
実践の中で、必要に迫られて懸命に学び、アウトプットに対して徹底的にフィードバックを受ける。それまで優等生でやってきた新人が、完膚なきまでにたたきのめされるほどに何度も何度も厳しいフィードバックを受けるのです。詳しくは、第1部の最終章で。

それでは、コンサル脳を鍛えるトレーニング、ご一緒に始めましょう。

第1部

コンサル脳をつくる三大基本スキル

1　コンサルタントの三種の神器

コンサルティングファームで徹底的に鍛えられる基礎的なビジネススキルを身につけるために、何から学んでいけばいいのか？

いよいよ、本論に入ります。

何だと思いますか？

十五年間、コンサルタントのスライドを十万枚、添削してきて気づいた私の結論は、次の三つです。

「日本語」
「論理」
「コミュニケーション」

英語とか分析とか、もう少しキラキラしたものを想像していたかもしれませんが、たったこれだけ。この三つです。

日本語力を高めることで、思考が精緻になり、
論理力を身につけることで、解に至る道筋が整理され、
コミュニケーション力を磨くことで、人の行動を変えることができるからです。

まさにこれは、**「コンサルタントの三種の神器」**とも言うべき、コンサルタントの仕事のエッセンスそのものでもあります。

もう少しだけ詳しくお話ししましょう。

2

ビジネスパーソンが、日本語、論理、コミュニケーションを改めて学ぶべき理由

まず、日本語について。

これを学ぶ目的は――

思考の基盤である日本語の運用に対する感度を上げることによって、抽象的な考えを具体化する

次に論理。

これを学ぶ目的は――

輪郭のはっきりした考えや情報を、
目的に沿って論理的に整理することで、
説得力のある主張をつくる

そして、コミュニケーション。
これを学ぶ目的は――

論理的に整理された主張を
相手の性質や置かれた状況を踏まえ、
最も相手に影響を与え得る形（順番、表現、語り口）で伝えられるようにする

と、このように言うと、多くの方がほっとした顔をなさいます。「なんだ、そんなことか。だったら、私にもできる、できている」と。

ところが、現実はそうは甘くありません。

ここまでお話ししてきたように、そもそも、コンサルティングファーム出身者の市場価値が高い理由を探していく中で明らかになったのが、基礎的ビジネススキルのトレーニングの違いであり、その基礎的ビジネススキルが何かと言ったら、日本語・論理・コミュニケーションだったのですから。

先に触れたように、実際、事業会社の場合、エグゼクティブの方でも、これらの、特に日本語と論理のスキルが著しく低いのです。

それは、言葉遣いひとつとってもわかります。

「あの企画進めておいて」

あの企画とはどの企画であり、その企画のどの部分をいつまでに、どういう状態にまで進めておけと言っているのか？　実に曖昧。具体性に欠けます。

「〜ですが、〜で、〜といったように、〜らしく、〜です」

こうした口調にも、それは表れます。

言葉というのは、思考の基盤です。

私たちは、考えたことを言葉にするのではなく、言葉によって思考します。

その言葉が曖昧に使われているということは、思考も曖昧、ぼんやりしているということです。

それは、書き言葉になると、さらに顕著になります。たとえば、会議の資料では、**客観と主観が混在**している例をよく見ます。

売上の数字を出しながら、業績は改善している、というメッセージを出す。でも、売上の数字は客観ですが、業績には主観が入ります。そもそも業績の定義は？　何をもって、「改善した」と言えることになっているのか？

さらには、その資料は、誰に向けてのものなのか？　お客さんに向けてのものなのか？　部課内に向けてのものなのか？　役員会に向けてのものなのか？

そもそも、その資料によって、何を主張したいのか？　目的は何なのか？

私の観察では、口頭であれ、文書であれ、こうした曖昧なアウトプットを出す人の八割は、自分でも何が言いたいのか、そのアウトプットの目的は何なのか、はっきりとわかっていません。だから当然、説得力のある論理的な文章など書けるはずがありません。

一見筋が通っているように見えても、そもそも論理がきちんとしていない、つまり、**文と文の関係が曖昧で、主張の根拠が明快に示されていない**ため、容易に反論されてしまいます。結局、結論がなかなか受け入れられません。

では、どうすればいいのか？

そもそも思考の基盤である「日本語」を曖昧に使っているため起こっていることなのですから、日本語の使い方を**ビジネス的に正しいもの**に、一つひとつ矯正していくのです。

そして、**一つひとつの文、並びに文章の関係を明確にしていく。**つまり、**「論理」を磨きます。**コンサルタントを育成していく中で、私が見出してきた結論です。

ではどのように？

それが本書のテーマです。これから、それを学んでいきます。

最後に、三種の神器のもう一つ、「コミュニケーション」についてですが、こちらは、事業会社のエグゼクティブに欠けているわけではありません。むしろ、若手のコンサルタントよりずっと優れていると言っていいでしょう。

ビジネスパーソンにとってのコミュニケーション力とは、**人を動かす**スキルです。人は、論理的に正しいからといって動かされるわけではありませんが、ビジネスパーソンに必要なコミュニケーション力は、論理的に整理された主張を伝えるという前提です。その前提の上で、相手を動かす、つまり、**主張の意図する行動を起こす力**です。

では、人を動かすコミュニケーション力の磨き方とは？
日本語力、論理力と併せて、見ていきます。

日本語・論理・コミュニケーションを学ぶ理由

日本語力を高めることで思考が精緻になり、論理を身につけることで思考や情報が整理され、コミュニケーション力を磨くことで人の行動を変えることができる

		学ぶ目的	学びが足りていない状態（例）
日本語	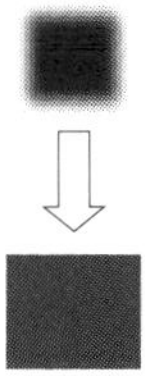	思考の基盤である日本語の運用に対して、感度を上げることで、ぼんやりした考えをシャープにする	●具体性を欠く -「あの企画進めておいて」 ●情報の関係が不明瞭 「〜ですが、〜で、 〜といったように、 〜らしく、〜です」
論理	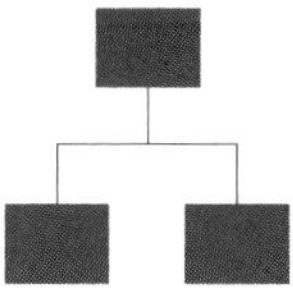	輪郭のはっきりした考えや情報を、目的に沿って論理的に整理することで、説得力のある主張をつくる	●主張に論理的な 説得力がない -結論が受け入れられない -なぜそう言えるのか 納得されない -容易に反論されてしまう
コミュニケーション		論理的に整理された主張を、相手の性質や置かれた状況を踏まえた形（順番、表現、語り口 ...）で伝える	●論理的には正しくても、 相手に受け入れられない ●端から聞く耳を 持たれない ●その場では伝わったように 見えても、相手の行動が 変わらない

1

日本語力

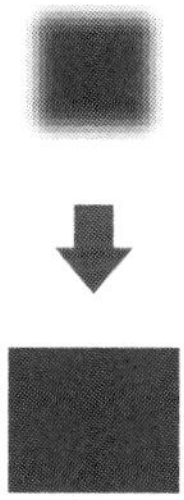

思考の基盤である日本語の運用に対して、
感度を上げることで、
ぼんやりした考えをシャープにする

1 ビジネス的に正しい日本語の原則を知る

ビジネス的に正しい日本語とは、多義性の生じない文章。
誰が読んでも書き手が言いたいことがその通りに伝わる文章である。
まずは、多義性を生じさせてしまっている四大原因について、説明しよう。

ここで言う日本語というのは、正しい日本語、ビジネス的に正しい日本語です。美しい日本語、情緒と余韻と暗喩に満ちた文学表現ではありません。

では、ビジネス的に正しい日本語とは何かと言ったら、それは、

主張の内容について、読み手・聞き手の解釈が一意に定まる

ということです。つまり、

多義性のない文章

ああもとれるし、こうもとれる、といった多義性を排除した文章です。

たとえば、「花のように美しい」とか「バラにはトゲがある」のような表現はだめだということです。花は花、人間は人間ですし、トゲにしても、美しいものには罠がある、という意味なのか、単に、バラを触るときは指を切らないように気をつけたほうがいいですよ、ということを言っているのか、わかりません。非常に曖昧です。「ビジネス的に」正しくないのです。

誰が読んでも同じ、書き手が言いたいことがその通りに伝わる文章

これが、ビジネス的に正しい文章です。

なぜ多義性があるとよくないかと言ったら、

第一に、誤った解釈で理解されると、**間違った理解で物事、すなわち、作業、プロジェクトなどが進み、結果、手戻りが発生するから。**

第二に、解釈が複数考えられると、**どの解釈が正しいのかを確認しなければならなくなり、コミュニケーションが煩雑になり、検討が遅れるから。**

いずれも、**ビジネス上最も希少なリソースである「時間」を浪費します。**関係者全ての時間を無駄に使うことになり、当然、経済的コストもかさみます。物事の進行の遅延による機会の損失も起こり得るでしょう。ときにそれは、莫大なものとなります。

そして第三に、実はこれがコンサルの基本スキルとしては最も重要な点なのですが、**曖昧な言語表現をしていると思考も曖昧になるから**です。思考を磨く上では、絶対に避けなければいけないことです。

これから、文章に多義性が生じてしまう原因について、主なものを挙げていきます。ただし、その前に重要なことをお話しします。

ここまで私は、「多義性の生じない文章」のように、「文章」という言葉を用いてきました。実際、コンサルタントの基本スキルは、（日本語の）文章力なのですが、厳密に言うと、文章というのは、文が集まってできたものであり、文とは、句点（。）で区切られた一つひとつの文のことです。

文章力というと、構成方法や表現方法にこだわりがちですが、実は、構成以前に、**そもそも一つひとつの文が適切でない**場合がほとんどです。そして、私が、新人コンサルタントや一般事業会社の方のアウトプットを見て、最初に実感するのもこのことです。

つまり、コンサルの基本スキルの土台中の土台は、私たちが日常使っている日本語の文章を構成する、一つひとつの文そのものにあったのです。

というわけで、まずはこれから、多義性を生じさせている「文」に含まれる問題について挙げていきます。

1　文に多義性を生じさせる原因①

単語の抽象度が高い

「なんだ、文章のうまい下手ではなく、正しい日本語か、それなら簡単」とビジネスパーソンの多くは考えますが、とんでもない、これがなかなか……大企業の部長クラスの方でも、というより、そういう方こそ、難しいように感じます。

まさか、と思った方、たとえば、次の文は、どうでしょう。ビジネス的に正しい日本語になっているでしょうか？

「2050年のVR市場の規模を推計して教えてください」

部長クラスの方が、日常、普通に部下に指示するときの文ですね。

別に正しいんじゃないの？　とお考えのあなた。では、部下になったつもりで、この指示にしたがって、今から推定値を出してみてください。

なんだ、簡単、と思ってググり始めたものの、はたと困ってしまいませんか？　一口にVRと言われても、ハードウェア、アプリケーション、開発キット……いろいろ関連ビジネスが考えられるじゃないか。いったい、部長は何を知りたいんだろう？　どこまで知りたいんだろう？　それに、世界の市場規模か？　日本だけでいいのか？　そもそも、何のためだ!?　ええい、全部出すしかないか……。

これが、多義性が生じてしまっているがために、書き手の意図が読み手に正しく伝わらない、ということです。

この場合、「VR市場」という**単語の抽象度**が原因です。

では、次の例はどうでしょう？

「次回討議までに、当社の提供価値を整理しておきます」

これも、部下や取引先との会話でよく聞かれるフレーズです。言われたほうは、ほっとします。仕事のできる人だと感じます。その「整理」されたアウトプットを見て、あなたが、当然のこととして期待していた「整理」ではなかったことを知るまでは……。

「整理する」とひと言で言っても、分類する、新たに作成する、内容に見直しをかけるなど、作業イメージは複数考えられます。お互いのイメージが大きく異なっていると認識齟齬を生みます。社内でしたら、至急やり直せば済むこともありますが、その「整理」の作業にもフィーが生じる外部委託作業の場合、もめごとになりかねません。

誰が読んでも同じ解釈しかできないレベルまで、抽象度を下げなければいけません。

具体的には、最初の例に挙げた「VR市場」のような、

議論や分析、調査の領域を表す言葉に対しては、常に、その範囲を明確にする

という習慣をつけることです。

これは実際、本当に重要で、たとえば「コンテンツ業界」への参入を検討する、といったテーマでの分析など、初心者が行うと使えるアウトプットは出てきません。「コンテンツ業界」とひと口に言っても、それこそ、ＶＲ業界もそのごくごく一部に含まれるかもしれない、実に多領域に及んでしまうからです。

RULE 1

誰が読んでも同じ解釈しかできないレベルまで、用いる単語の抽象度を下げる。

2　文に多義性を生じさせる原因②

5W1Hを具体的に示さない

職場の日常会話の中では、単語の抽象度などという以前に、そもそも単語自体を具体的に示さないケースのほうが、多いのかもしれません。

「あの企画、進めておいて」

あの企画とはどの企画か？
進めておくとは、どのような状態にすることなのか？
いつまでに、どこまでできあがっている必要があるのか？
スタッフや予算は、どれだけ使えるのか？

わからないことだらけです。

このような会話が飛び交っている中にはとうてい異質なメンバーは入り込めないでしょう。均一の価値観を持つ同じメンバーと狭い領域の中で、同じような仕事を繰り返すだけでよかった過去の時代ならではのセリフかもしれません。

もし、以心伝心と忖度で、このような言い方でも、話し手の言いたいことが完全に聞き手に伝わったとしても、やはり、このような日本語を使ってはいけない理由があります。

それは、先にも触れたように、**曖昧な言葉を使うことによって、思考もまた曖昧になっていくからです。**

人は、思考したことを言葉で表現するのではありません。言葉によって思考するのです。

具体的な言葉で語られていないということは、具体的に思考できていない、ということです。

言葉を厳密に正確に使うということは、厳密かつ正確に思考するということです。

曖昧な言語表現を続けることは、思考力を鈍化させることです。

逆に言えば、

明確な言語表現を心がけることで、思考力を磨いていくこともできるということです。

では、どうするか？

具体的には、指示語を安易に使わないことです。

指示語とは、「こそあど」と小学校で習った、「これ」「それ」「あれ」「どれ」、「ここ」「そこ」「あそこ」「どこ」、「こちら」「そちら」「あちら」「どちら」のことです。以上は名詞で、名詞（や代名詞）を修飾する連体詞としては、「この」「その」「あの」「どの」。ほかに、動詞や形容詞、形容動詞を修飾する「こう」「そう」「ああ」「どう」、「こんな」「そんな」「あんな」「どんな」があります。

これらを使いたくなったら、小学校のときの国語のテストさながらに、「その」って何を指すのか？「あの」とはどれ？と自問自答し、はじめての人にもわかるように、正確に言い換えることです。

指示語は、文と文を繋いで文章をつくるときにもよく使われ、その場合も注意が必要ですが、それは後述します（この文章の中にも、指示語を二つ使ってしまいました。誤解は生じない範囲だと思いますがいかがでしょうか……?）。

なお、指示語ではないのですが、厳密かつ正確に思考するための日本語力という点では、**「かなり」「非常に」「少ない」「多い」「激減している」などの形容詞や形容動詞、副詞、動詞にも注意**しなければなりません。

かなりとはどのくらいか？
非常にとはどの程度か？
少ないとはいくつか？
多いとは何と比較してか？
激減しているとは、いつに比べて何%減っているのか？

常に、数値で、それも比較対象や時間軸等を明確にした数値で示す習慣を持つことで、正確な状況把握と、その伝達が可能になり、正確かつ迅速な物事の判断が可能になります。

▼主語、目的語の省略

ところで、5W1Hを具体的に示さないどころか、そもそも誰がという**主語や目的語が省略されがちなのも、日本語の特徴**です。日本語は、主語はもちろん、他動詞なのに目的語がなくても通用してしまうことが多いため、解釈に多義性が生まれてしまいがちなのです。

記述内容が間違っていたため、いったんキャンセルさせていただきます。

たとえば、ネット注文に対し、業者からこのようなメールが届いた場合。「口座番号など間違えたかな?」「残高不足かな?」などと一瞬ドキッとするかもしれません。でも、よくよく見てみると、商品説明の記述内容に間違いがあったため、いったんキャンセルとし、返金させていただく、ということらしい……。

つまり、誰が間違えたのか、という**行為の主体である「主語」が省略されていることによって、意味に多義性が生まれてしまっている**のです。

ただし、**責任の所在を曖昧にする目的で、故意に、このような書き方がとられる**ことも少なくないようですが……。

推敲するときの一つの技は、その文を受動態を使わずに英語で表現するとしたら？　と考えてみることです。

RULE 2

❶独立した一つの文の中では、指示語は原則として、用いない。
❷量や程度、頻度、増減などを示す修飾語には、客観的数値を裏付ける。
❸もし、英語で表現するとしたら、主語・目的語はどうなる？　と考える。

3　文に多義性を生じさせる原因③

「一文一義」になっていない

書き手と読み手、話し手と聞き手の解釈を一意に定める、もう一つの重要な原則は、一文一義です。つまり、**一つの文に一つの意味**。「〜だが、〜。」などと繋がずに、一文ずつ短く区切るのが、多義性を排してビジネス的に正しい日本語を書くコツです。

たとえば、次の文章、わかりにくいですね。要するに、何が言いたいのでしょう？

「本検討では既存顧客への提供価値最大化を念頭に、既存事業の川上に位置するアフターマーケットへの参入を目指す上で、これまで業務提携を行ってきたA社への買収提案を進めるべく、シナジー創出に向けた自社アセットの活用方針を定める」

要するに、言いたいことは、

「本検討では、シナジー創出に向けた自社アセットの活用方針を定める」

でしょう。この文に、さまざまな修飾節が付随して、一文が長くなった結果、この文章で伝えたいポイントが何かが、わからなくなってしまっています。

相手にこちらの意図を正しく伝えるためにこの文を直してみましょう。

「本検討では、A社買収によるシナジー創出に向けて、自社アセットの活用方針を定める。A社とは、これまで業務提携を行ってきた。しかしながら、アフターマーケットへの参入を目指すにあたり、買収提案を進めたいと考える。なぜなら、アフターマーケットは既存事業の川上に位置するため、ここに参入することが、既存顧客への提供価値の最大化に繋がるからである」

重要なことは、**一文一義。伝えたいことは一つに絞る。**

そのために、原則として、**長い文は短く、句点（。）で区切ります。**区切った文の一つひとつについて、その文のトピックがひと言で言える状態になっていることです。それが、一文一義ということです。では、そのときのコツは？　というと、

重要なのは、述語です。述語を明確にすることです。

日本語は、主語を省くからわかりにくい、ビジネス文章では、主語をきちんと書かなくてはいけない、と言われます。たしかにそうではあるのですが、日本語が主語を省略しがちなのには、それなりの理由、生い立ちがあるのです。何が何でも主語を重要視する英語とは異なる文化的背景があるのです。

その結果、**日本語においては、述語が王様です。英語の王様は主語ですが、日本語の王様は、述語です。**通常の修飾節はもちろんのこと、**日本語においては、目的語も、ある意味、主語も、述語を修飾するものなのです。述語を修飾するものとして、平等です。**主語が偉いなんてことはありません（このあたり、多くの「言語学」の入門書にありますので、ご興味のある方はご参照ください）。

「次の会議で、来月横浜で開催予定のイベントの募集要項を決定いたします」

たとえば、この文でしたら、述語は、「決定いたします」、何を？（募集要項を）、（来月横浜で開催予定のイベントの募集要項を）、いつ（次の会議で）が、この述語を対等に、修飾しています。主語は不明ですが、必要を感じません。

つまり、ビジネス的正しい文章では、まず、**述語ごとに文を区切る**、次に、それぞれの文について、**述語を修飾しない言葉を除けばいい**のです。それによって、一文一義の文章になります。

RULE 3

❶まず、伝えたいことを述語で表現する。
❷次に、それを修飾する言葉だけを加えていく。
❸述語ごとに文を区切る。

4　文に多義性を生じさせる原因④

修飾の順序が不適切

用いる単語の並べ方、特に修飾語の並べ方、順番も、非常に重要です。

たとえば、次の例はどうでしょう？　話し手の意図によっては、文法的に誤った文だとも言えます。どこが間違っているか、わかりますか？

「来週のイベントの企画会議に出席してくれ」

もし、緊密に連絡を取り合ってともにプロジェクトを行っている間柄なら、これで十分伝わるかもしれません。けれども、はじめてプロジェクトに加わったばかりの相手だったら？　イベントが複数あったら？

話し手は、来週（行われる）のイベントの、企画会議に（今すぐ）出席してくれ、というつもりだったのかもしれませんが、受け手は、イベント（について）の来週の会議に出席してくれ、と指示されたと受け取るかもしれません。

つまり、「来週の」が「イベント」にかかっているのか、「イベントの企画会議」にかかっているのか、わからない。どちらともとれるからです。

このように、多義性を生じさせず、すぐに誰にでもわかりやすい文を書くためには、修飾の順序が非常に重要なのです。

これには、次の四つの原則を覚えておくとよいでしょう。

原則❶　節を句より前に
原則❷　長い修飾を先に
原則❸　大状況から小状況へ、重大なものから重大でないものへ
原則❹　親和性の高い単語を続けて並べない

順に見ていきましょう。

原則❶　節（主語と述語を備えた一つの塊）を、句（主語述語を含まない語の塊）より前に

モンブランの黒とゴールドのボディでブルーブラックのインクの私が去年兄からもらった万年筆

ここで、「黒とゴールドのボディで」「ブルーブラックのインクの」と「モンブランの」は句で、「私が去年兄からもらった」は節です。全て「万年筆」を修飾していますが、節を句より前に置く、という原則にのっとれば、次のように並べるほうがよしとされます。

私が去年兄からもらった黒とゴールドのボディでブルーブラックのインクのモンブランの万年筆

原則❷　長い修飾語を先に

先の例で言うと、「ボディは黒とゴールドでインクはブルーブラックの」のほうが、「モンブランの」より長いので、「モンブランの」をあとにつけました。が、書き手にとって、ボディとインクの色より、モンブランのほうが重要な場合は、「モンブランの」を先に持ってくることもあります。次のような原則もあるからです。

原則❸　大状況から小状況へ、重大なものから重大でないものへ

ただし、この場合、読点を効果的に用いることが必要になってきます。
もし、兄からもらったことより何より、モンブランを強調したいなら、読点を使うことで、「モンブランの」を先に持ってくることもあるでしょう。

モンブランの、去年兄からもらった黒とゴールドのボディでブルーブラックのインクの万年筆

では、ここまでのことを踏まえて、次の文を読みやすいものに、単語の順序を入れ替えてみてください。よく読めばわかりますが、誤解を生むかもしれない、読みにくい文です。後述する「同じ助詞を続けて使わない」という原則にも反しています。

例題

私は課長が主任が役員が出席した会議で活躍したと喜んでいたのかと思った。

一般的には、次のように並べ替えます。

役員が出席した会議で主任が活躍したと課長が喜んでいたのかと、私は思った。

もし、私以外はそう思っていなかった、あるいは、そう思っていなかった誰かとの「対比」を強調したいのであれば、次のように並び替えます。

私は、役員が出席した会議で主任が活躍したと課長が喜んでいたのかと思った。

「対比」としての助詞「は」の使い方、読点の使い方については、後述します。

最後に少々高度な問題です。次の文章のうち、誤読されにくいのはどちらでしょう？

例題

A　騒がしい部屋に幼い子どもが入ってきた。
B　幼い子どもが騒がしい部屋に入ってきた。

ここまでの三つの原則からすると、どちらでもよいのですが、直感的に、Aの文では、大人たちが騒いでいる部屋に、よちよち歩きの幼児がびっくりして入ってきた様子、Bの文では、複数の幼児がわいわい騒いでいる部屋に、もう一人の幼児が騒がしく入ってきた様子が思い浮かびませんか？

騒いでいるのが、幼児か大人かはともかく、主語の幼い子どもが騒いでいるとはどこにも書かれていないのに、Bの場合は、幼い子どもが騒いでいるような印象を受けてしまう。「子ども」と「騒がしい」という言葉の「親和性」が高いがゆえに誤読を生みやすいのです。

すなわち、修飾の順序に関する四つ目の原則は、次のようになります。

原則❹　親和性の高い単語を続けて並べない

　したがって、正解は、「幼い子ども」と「騒がしい」が離れているAのほうです。

　ファームでは、若手のコンサルタントに、これくらいの神経を使って、できる限り誤読の可能性を排除するよう指導します。誤読が起こると、最初にお話ししたように、**その誤解を解くため、あるいは、やり直すためのコストがかかり、生産性を下げる大きな要因となる**からです。

　なお、この「修飾語の順序」については、本多勝一氏の古典的名著『日本語の作文技術』にある四つのルールにしたがっています。その本の中には、修飾の順序のほか、後述する、読点の打ち方、助詞の使い方、「は」の使い分けなど、実に詳細な分類と豊富な例が紹介されていますが、本書では、それらを踏まえつつも、私の経験から一般ビジネスパーソンがまずはここだけ押さえておけば八十点にはなる、というポイントを記しています。これを機会に、本格的に「日本語」をマスターしたい、という方は、巻末の推薦図書のページもご参照になって、お読みください。

RULE 4

❶句より節が先。
❷長いものが先。
❸大状況・重大なものが先。
❹親和性の高い単語が並ばないように。

COLUMN

砂漠の宗教から生まれた欧米語と森の宗教から生まれた日本語

主語が王様の欧米語と、述語が王様の日本語。こうした違いを生んでいるわれわれ日本人の国民性は、何に根ざしたものなのだろうか。米国にとってのプロテスタンティズムに相当する、日本人ならではの行動様式が根ざしているものとは何なのか。

その源流を探すと、一万年もの長きにわたって続いた縄文時代にたどりつく。

縄文時代というのは、狩猟採集時代でありながら、それまでの旧石器時代とは異なり、定住生活が始まった時代だ。竪穴住居などの当時の遺跡をご覧になったことのある人もいらっしゃるだろう。

この、狩猟採集でありながら定住生活をするというのは、実は、珍しい。定住生活を送るにはそこで暮らす人々を養えるだけの食糧を確保することが必要だ。狩猟採集よりも農耕のほうが食糧を安定供給できるため、異説はあるものの、世界のあらゆる地域では、定住生活は農耕とともに起こったとするのが一般的だからだ。

メソポタミア文明やインダス文明、エジプト文明、ユダヤ教、キリスト教、イスラム教は、いずれも乾燥地帯周辺に生まれた。農耕技術の発達とともに文明が起こり、そこに集団が発生し、結果として形成されたものだ。その中で生まれた思想や宗教観は「砂漠の宗教」と呼ばれたりもしている。

これに対し、近年の研究で、日本の縄文時代の人々は農耕に先駆けて定住していたことがわかってきたのだ。当時から温暖で湿潤だった日本列島の気候風土は、集団定住生活を営めるだけの豊かな食糧をもたらしたため、慣れ親しんだ狩猟採取生活を捨てる必要がなかったからだとする説が有力だ。

このような環境は世界でも極めて稀であり、その結果として、独自の価値観が形成されたと見られている。

その価値観は、「砂漠の宗教」に対して、「森の宗教」とも呼ばれる。

砂漠では、右に行くか左に行くかを考えるよりも、どちらであれ、まず進むこと、どちらかに進むことが生存確率を向上させるのに対して、森では、自然の恵みを最適に分配することが重視される。

この風土に基づく歴史が、日本人の熟考を尊ぶ気質をつくってきたことに、多くの有識者が言及してきている。

砂漠では、集団を一定の方向に迅速に導く必要があるため、リーダーを必要とし、言語が明瞭になり、結果、誰が何を言ったかが明確にわかる言語体系が進化した。

一方、その場から離れる必要がない森では、獲得する食糧を最大化するため、集団が一体となることが必要となり、結果、個よりも集団が重視され、誰が言ったかを曖昧にし、集団から外れた考えが生まれないように曖昧な表現を繰り返しながら、集団としての結論を導出するのに便利な言語が確立されていった。

日本語をビジネスで活用するためには、このような背景を理解することも重要だ。

というわけで、私は矛盾や曖昧さも含有してしまう、人間関係を円滑に進めるための日本語を、けっして否定するつもりはない。ただ、ビジネスにおいては、その日本語の特性を理解した上で、正確に、矛盾なく、伝えるための工夫が必要なのである。

2

よりわかりやすい文にする

ビジネス的に正しい日本語とは多義性の生じない文章であることと、それを構成する一つひとつの文から多義性を排除する方法について、お話ししてきた。

ここでは、文をさらにわかりやすくするための日本語のテクニックとして、読点と助詞の使い方の基本を確認しておこう。

わかりやすい文のテクニック①

読点を適切に打つ

読点の打ち方と助詞の使い方、数あるテクニックの中からこの二つを取り上げるのは、一般ビジネスパーソンの文章に共通して見られる代表的な課題だからです。

なんだ、そんな小学生みたいなことを、と感じるかもしれませんが、では、次の文を適切に読点で区切り、なぜ、そこに点を打ったかを説明してみてください。

例題

試験の結果が不合格であったと聞くと人のことを言えた立場ではないが誘惑に負けて怠惰な生活を送っていたのではないかと思う。

この文は、「誘惑に負けて怠惰な生活を送っていたのではないかと思う。」という述語を修飾する二つの節によって成り立っていることがわかります。その二つを分ければいいのです。

節1
試験の結果が不合格であったと聞くと、

節2
人のことを言えた立場ではないが、

述語
誘惑に負けて怠惰な生活を送っていたのではないかと思う。

読点の打ち方の原則❶　長い修飾語が二つ以上あるとき、その境界に読点を打つ

このように、長い修飾語が二つ以上あるとき、その境界に読点を打つ、というのが、読点の打ち方の第一原則です。

では、次の例についてはどうでしょうか？

適切な位置に読点を打ち、そこに打った理由を説明してみてください。

例題

Aが私が幼い頃から仲良くしているBを私のクラスメイトのCに紹介した。

「AがBをCに紹介した。」というのが文の骨子で、BとCが、それぞれ、節（私が幼い頃から仲良くしている）と句（私のクラスメイトの）によって修飾されています。

この場合、修飾の順序の原則②（59ページ）から、長い修飾語である「私が幼い頃から仲良くしているBを」が文頭に来なければならないのですが、この文では、「Aが」が、文頭に来ています。この場合、主語である「Aが」を強調したいからでしょう。

このように、語順が原則と異なる、通常の逆になる場合は、読点を打つことで、わかりやすくできます。これが、読点の打ち方の第2原則です（先のモンブランの万年筆の例では、この原則を用いました）。

読点の打ち方の原則❷　語順が通常と逆になる場合に読点を打つ

したがって、正解は、

Aが、私が幼い頃から仲良くしているBを私のクラスメイトのCに紹介した。

なお、この場合、次のように読点をたくさん打つ人もいます。

Aが、私が幼い頃から仲良くしているBを、私のクラスメイトのCに、紹介した。

間違いではありませんが、今度は、読点が多すぎて、「Aが」が強調されなくなってしまいました。

これでは、読点が全くなかった場合と変わりません。

最近は、昔と比べると一般に、読点が多用される傾向にありますが、過ぎたるは及ばざるがごとし、わかりやすい文のためには、重要なものに絞ることが重要です。

わかりやすい文のテクニック②

助詞を適切に用いる

次に取り上げるのが助詞です。こちらも細かいことは、別の本に任せることにして、私の経験上、一般的なビジネスパーソンの文章によく見受けられる、次の二つの重要ポイントに絞ってお伝えします。

❶同じ助詞を続けて使わない
❷「は」を適切に使う

❶同じ助詞を続けて使わない

まず、同じ助詞を続けて使わない、というポイントについて。
次の文を、一文のまま、わかりやすい文に書き直すとしたら、どうしますか？

例題

私のおばさんの三女の会社の社長の趣味はゴルフの観戦です。

「の」が五つも続いていて、非常に読みにくいですね。**一つの句に同じ助詞が二つは黄色信号、三つは赤信号**と考えてください。

たとえば、このように直せます。

私のおばさんの三女が勤めている会社の社長はゴルフ観戦が趣味です。

❷「は」を適切に使う

次に、「は」についてですが、特に、「は」と「が」の使い分けは、日本語を学ぶ外国人が最後まで苦戦するもののようです。たとえば、憲法改正の動きに読者の関心を導こうとする次の書籍

のタイトル、

『憲法がヤバい』

日本人なら、「憲法は」ではなく、「憲法が」でなければならないのはわかりますが、外国人には必ずしも自明のことではないようです。

この本は、その前にヒットした『リフレはヤバい』を受けて、同じ出版社から別の著者によって書かれたものだそうです。この場合の「リフレは」の「は」は、「は」にすることによって限定され、暗に「デフレはヤバくない」と**対照**されています。

一方、「今日の会議の目的は、来年度の新卒採用の人数を決定することです」などという場合の「は」は単に、**文のテーマを示す**ものにすぎません。

このように、「は」には、主に、次の二つの使い方があります。

①制限・対照を示す「は」
②文のテーマを示す「は」

これを間違うと、意図が伝わらず、とんだ誤解を招くことがあります。

たとえば、議事録や報告書などで、「○○係長は賛成しました」と書くと、ほかの人は反対だったのかと受け取られますが、そういう意味ではなかったとしたら？

不適切な「は」の用い方によって、誤解が生じたり、不愉快な思いをさせたりしてしまうことがあります。外国人なら仕方ないかと許しても、日本人の場合は、そうはいかないでしょう。細心の注意が必要です。

RULE 5

わかりやすい文のテクニック

❶読点を適切に打つ

①長い修飾語が二つ以上あるとき、その境界に読点を打つ。

②語順が通常と逆になる場合に読点を打つ。

❷助詞を適切に用いる

①同じ助詞を続けて使わない。

②「は」を適切に使う。

3 「文」を繋いで、「文章」にする

コンサルの基本スキルとしての日本語力として、ここまでは、一つひとつの「文」に多義性を生じさせないこと、誤読をあらかじめ防ぐわかりやすい文にすることの重要性について述べてきた。次に重要なのが、この一つひとつの「文」を筋の通った形で繋いで「文章」にするスキルだ。

文を繋いで文章にする際の重要なポイントはたくさんあり、まさに文章の書き方そのもの。文学的文章はもちろんのこと、ビジネス文章術についてもさまざまな本が出ています。詳しくは、そうした本に譲ることとして、ここでは、コンサル脳を鍛える基本スキルの一つとして、特に重要なポイントを三つだけ挙げます。

それは次の三つです。まずはこの三つに神経を集中することです。

❶指示語
❷接続詞
❸内容の重複を避ける

指示語は、思考の道具としての言葉を厳密に使うことにより、思考を明せきにする上で重要なポイント。

接続詞は、言葉によって論理を構築し、表現していくときの重要なツールだからです。

❶指示語

多義性を生じさせない「文」の原則の一つとして、**指示語は具体的に示す**ことを挙げましたが、これは、「文章」になっても同様です。

たとえば、いま書いた文章の「これは」の「これ」は何を指すのか？

誤解、誤読を生じさせないためには、「これ」「それ」「あれ」の具体的中身を明示することが必要です。

❷接続詞

次に、**接続詞を正しく使う**ことです。これが不適切な場合、文によって表現していることを正確に把握していないことになります。


文と文の繋ぎ方は、順接と逆接の二つに大別されます。

順接には、並列と解説、根拠の提示があります。逆接には、対比、譲歩があります。

つまり、二つ以上の文を繋ぐ場合、文と文との関係はだいたい次のいずれかになります。

①並列（付加）（and）
②解説（or）
③根拠（論証）（because）
④対比（but）
⑤譲歩（indeed）

では、試しに、次の〈　〉の中に、適切な接続詞を入れてみてください。

例題

1　とても素敵なジャケットを見つけてしまった。〈　〉セールで半額になっている。
2　日本人にとって英語学習は難しい。〈　〉日本語に比べて英語は多くの母音を用いるからだ。
3　あの店は高い。〈　〉味は一流だ。
4　できる限り正確な日本語を使いたい。〈　〉言語である以上は正解などないのだが。

1の正解は、「しかも」。並列、付加の接続詞を入れます。
2の正解は、「なぜなら」。論証の接続詞を入れます。
3の正解は、「しかし」。対比、転換の接続詞を入れます。
4の正解は、「もちろん」。譲歩を示す接続を入れます。
より詳しくは、第2部の錬成ドリルの解説をご覧ください。

❸内容の重複を避ける

文を繋いで文章にするときにやりがちなもう一つのポイントは、**内容の重複**です。これは、多義性を排除する、という点では間違いではないのですが、ともすれば、論理学における詭弁の一つである「循環論法」となりがちですので、挙げておきます。

たとえば、次の文章はどこが間違っているか、わかりますか？　推敲するとしたら、どうしますか？

例題

「論理的になる」とは、この関連性に敏感になり、言葉を大きなまとまりで見通す力を身につけることにほかならない。言葉同士の関連性に鈍感ゆえに、言葉を大きなまとまりで見通す力が無い状態は「非論理的」ということである。

二つ目の文章は、最初の文章の逆を述べたものにすぎませんから、不要です。ですから、もし私が推敲するとしたら、二つ目の文章はばっさり削除します。

わかりやすい文章という点では、ほかにもありがちな課題があるのですが、この例題の解説も含めて、それは、第2部のドリルに譲ることにします。

RULE 6

「文」を繋いで「文章」にする際のポイント

❶指示語は、具体的に示す。
❷文と文の関係を次のいずれかに明確にし、適切な接続詞で繋ぐ。
①並列（and）
②解説（or）
③根拠（because）
④対比（but）
⑤譲歩（indeed）
❸内容の重複に気をつける。

4 「文章」を論理的に構成する

ビジネス的に正しい「文」を、誤読を避ける「文章」に繋いだら、次は、それらの「文章」を論理的に構成する。それによって、ようやくコンサルタントの基礎スキルである日本語力が完成する。ただし、「論理的に」構成するには、その基礎となる「論理」の技法を理解している必要があるだろう。

「導かれた結論に納得できない」「主張に一貫性が感じられず、独りよがりに感じる」文章には、往々にして**論理の飛躍**、もしくは**論理を構成する要素に欠落**があるものです。

筋道が通った主張は議論を前に進めてくれますが、ただ言いたいことを並べただけの文章は、議論を拡散させてしまいます。コミュニケーションやビジネスの停滞を招く危険因子と言っても差し支えないでしょう。

昔から「起承転結」や「5W1H」が、最近では「PREP法」が、読みやすい文章の基本として引き合いに出されるのは、文章の骨格、つまり論理的な構成力が、読み手の理解に大きく影響するからなのです。

論理的な文章を書けるようになると、話し言葉においても説得力のある主張を展開できるようになります。相手に解釈や忖度を強いたり、疑問や不明点を解くためにエネルギーを費やしたりする必要がなくなれば、課題の本質に向き合う時間を増やせるでしょう。

論理的な文章を構成するには、そもそも「論理」の基礎を身につける必要があります。

「論理」を鍛えることによって、物事の因果関係が明確になり、思考の精度も高まります。

ビジネスパーソンの間でも知られるロジカルシンキングや、「顧客・市場（Customer）」「競合（Competitor）」「自社（Company）」の3C分析、「商品（Product）」「価格（Price）」「販促（Promotion）」「流通（Place）」の4P分析に代表される思考のフレームワークも、正しい日本語を論理的に書けるようになってこそ役立つツールです。

この「論理」の基礎は、二番目のコンサルの三種の神器として、次の章で詳説していきます。

2

論理力

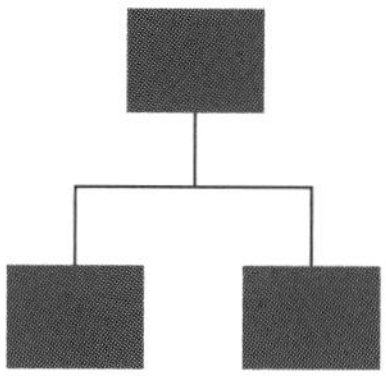

輪郭のはっきりした考えや情報を、
目的に沿って論理的に整理することで、
説得力のある主張をつくる

1　ロジックツリーによって、説得力ある文章に組み立てる

ビジネス的に正しい日本語が書けるようになったら、次はその文章をたくさん繋いでいくことになる。この段階で必要になってくるのが、「論理」力。コンサル脳をつくる基本スキルの二つ目だ。まず、論理的に正しい日本語の文章を書くポイントを、ステップごとに説明しよう。

コンサルタントが書いた論理の本というのも、山ほどあります。『ロジカル・シンキング』『イシューから始めよ』……。用語も溢れています。「ピラミッドツリー」とか「ミーシー」とか「フレームワーク」とか。多すぎて、なかなか使いこなせません。

でも、安心してください。「論理」力を身につけるために重要なステップは、次のたった三つです。

ステップ❶　一文一義の、正しい日本語で、主張を全部、箇条書きで書き出す。
ステップ❷　書き出した文をグルーピングする。
ステップ❸　グループにした文章の論理関係を明らかにし、論理的に正しく説得力ある主張に組み立てる。

これによって、主張が説得力あるものになるだけでなく、そもそもの自分自身の思考が整理されます。なぜなら、それは、とりもなおさず、コンサルタントの最大の武器である「論理」を身につけることだからです。

論理関係を明らかにする、などというと、やっかいなことのように思われますが、論理関係におけるパターンは、おおよそ次の三つです。このどれかに分ければよいのです。

❶概要 - 詳細

時系列のある詳細（概要と経緯、作業名と手順等）

時系列のない詳細（分類名と分類対象、見出しと説明等）

❷結論／結果・理由／原因

❸法則 - 事例

グルーピングした文章を、ロジカルツリーに書き出していくことによって、このどのパターンに当てはまるかを明らかにしていきます。

なんだ、簡単だ、そのくらいできて……いますか？

次は、私の事業会社様向けの研修の中で、実際に提出された発表資料の一部です。

小売市場の中で最も市場規模が大きい業態のため、
まずはスーパー向けの営業から開始する

小売市場150兆円のうち、スーパー市場は15兆円と最も規模の大きい業態

大きい文字で書かれた文章を上段、小さいほうを下段とすると、上段と下段の関係は、三つの論理関係のパターンのうちのどれにあたるでしょう？

下段（左）は数字が入っただけで、上段（右の主張文）が説明している内容の一部を説明しているにすぎないため、❶とは言えません。

では、❷の結論・理由の関係かと言うと、そもそも、なぜ、市場規模が大きい業態から営業を開始すべきかが書かれるべきところ、これでは、理由になっていません。トートロジーです（トートロジーというのは、たとえば、「車を借りたいから、車を貸してほしい」といった具合に、論証が同じ意味の言葉の繰り返しになっているにすぎない、詭弁の一種です）。

では、次の文章はどうでしょう？

スーパー市場で利益率を上げる上では、店舗数が主要なドライバーである

国内500店舗を構えるA社は利益率5%であるのに対し、10店舗しか運営していないローカルスーパーB社は利益率が2%にとどまる。

これは、❸の法則・事例のパターンで、一見正しいように見えますが、一つしか事例が挙げられていないため、不十分です。

必ずしも店舗数だけが要因とは言い切れず、B社は、価格帯が安いからかもしれないし、人件費割合が高いからかもしれないし、地域の特性によるものからかもしれないと、いくらでも仮説は考えられます。

「帰納的」な推測を働かせる上では、二社だけを取り上げるのでは不十分なのです（「帰納的」という言葉については、後述します）。

多くの場合、**主張に説得力がないのは、主張そのものに賛同が得られないからではなく、そもそも、内容が論理的に構成されていないため、説明が伝わっていないから**です。

なお、説得力がある主張というのは、必ずしも、イエスを獲得する主張というわけではありま

せん。**イエスかノーかの検討が速やかにできる主張**、ということです。

というのも、次のように、そもそも賛成も反対も、判断のしようがない、というケースがほとんどなのです。

・説明がよくわからない
・不明な点が多すぎる
・話が飛躍している
・帰納推論的にも演繹推論的にも筋が通っていない
・主張の根拠として挙げられている事柄が根拠になっていない
・まだこういうこともあるはずだ、というように抜け漏れが多い
・漠然としすぎている

今挙げた二つの例のようにならないためにはどうすればよいか？　順に見ていきましょう。

1 グルーピングする際は、MECEかつ、情報の粒度を一致させる

MECEとは、相互に（Mutually）、排他的（Exclusive）、集合的に（Collectively）、網羅している（Exhaustive）、の略で、一般的には、「漏れなくダブりなく」とされ、課題や主張を要素分解するときの基本的なフレームワークです。

情報の粒度とは、「哺乳類と両生類」「犬と猫」は一致しているが、「爬虫類と象」「猿とダックスフンド」は不一致、といった概念の大小の基準です。

これでも、わかったようでいて、わからないですね。例を挙げてみましょう。

たとえば、とある銀行の支店で、業務改革の一環として、顧客からアンケートをとったところ、次のような声が集まりました。これを、MECEかつ粒度を揃えてグルーピングすると、どうなるでしょう？

案内係が元気よく、気持ちよい	キャラクターが可愛い	駐車場が広く便利である
置いてある雑誌が古い	商品に独自性がない	キャラクターを使った粗品が少ない
窓口の女性の説明が的確である	ATMの機種が古い	口座を作っても、何も提案されたことがない
カウンターが少なく、相談に行くと待たされる	電話の取次に長く待たされる	二言目には「本部に聞かないとわからない」と言う
店のソファーが汚い	ATMの待ち時間が短く、すぐに用が足せる	渡される書類に抜けがあり、一度で用が済まない

まず行うことは、肯定的な意見と否定的な意見に分けることでしょう。

改革のためには、否定的な意見をより詳細に見ていくことが必要ですので（そうしないと具体的な対策が立てられませんから）、さらにグルーピングしますと、あくまでも改革案を導くことを目的とした場合、この支店だけでできることと、全社的に取り組んでもらわないといけないことに分かれることに気がつきます。

そこで、支社でできることについて、さらに細かく分けてみると、設備面の課題と人材面の課題に分けられることがわかりました。

以上の結果をもとに、具体的な対策を立てることができました。

これを、この課題の正解として図示すると、次のようになります。

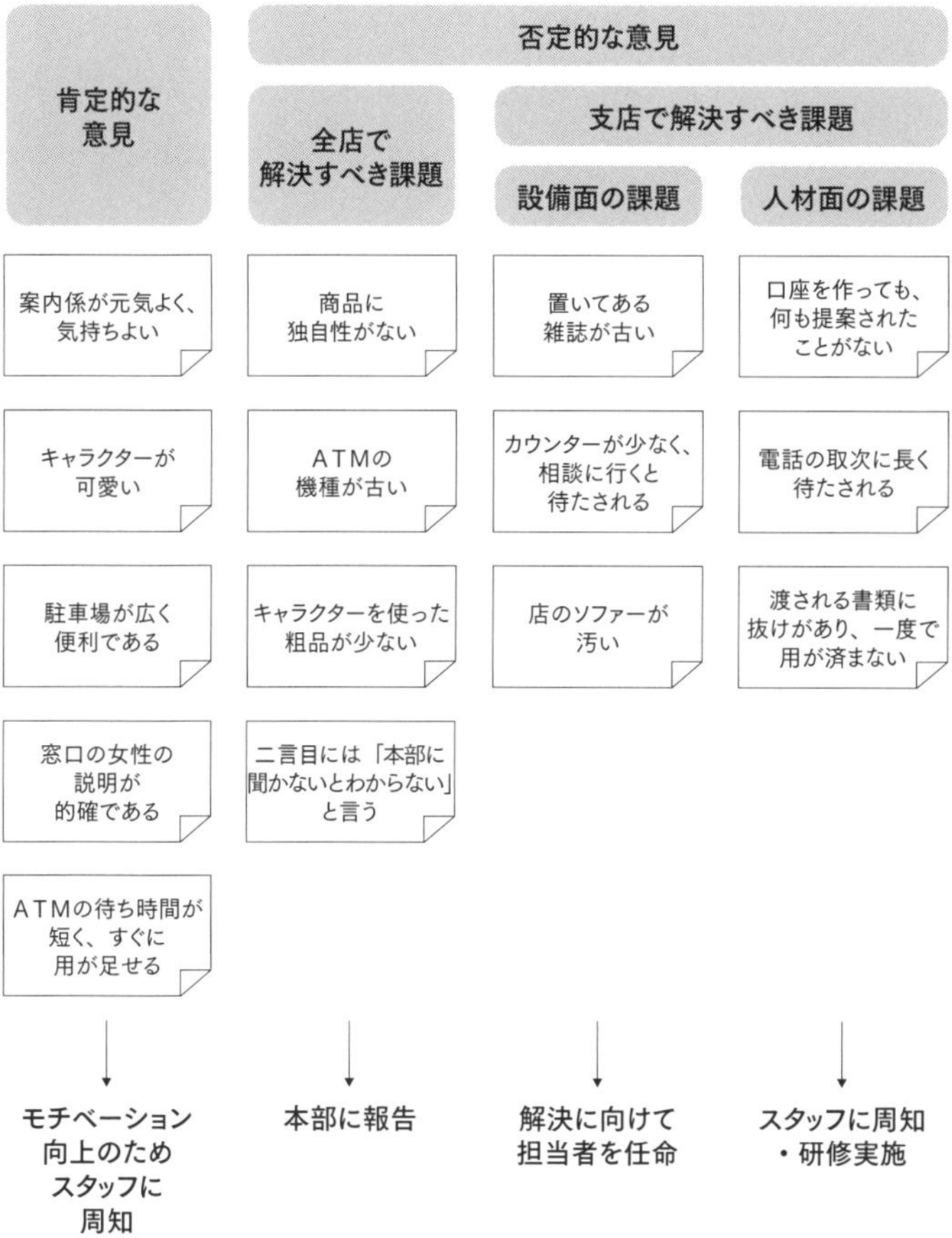
否定的な意見
肯定的な意見
全店で解決すべき課題
支店で解決すべき課題
設備面の課題
人材面の課題
案内係が元気よく、気持ちよい
キャラクターが可愛い
駐車場が広く便利である
窓口の女性の説明が的確である
ATMの待ち時間が短く、すぐに用が足せる
商品に独自性がない
ATMの機種が古い
キャラクターを使った粗品が少ない
二言目には「本部に聞かないとわからない」と言う
置いてある雑誌が古い
カウンターが少なく、相談に行くと待たされる
店のソファーが汚い
口座を作っても、何も提案されたことがない
電話の取次に長く待たされる
渡される書類に抜けがあり、一度で用が済まない
モチベーション向上のためスタッフに周知
本部に報告
解決に向けて担当者を任命
スタッフに周知・研修実施

2 ロジックツリーを作成する

ロジックツリーは、グルーピングした文章の塊を、このグループとこのグループは包含関係にあるなとか、上下関係にあるな、などと、それらの論理関係を一目でわかるように図示する、基本的かつとても重宝するツールです。

第一層に、主張（またはイシュー＝課題）を書きます。
第二層には、その主張を支持する事実（または根拠、要因）を書きます。
第三層には、第二層で挙げたことを支持する事実（または根拠、要因）を書きます。以下、続きます。

このとき、並列するものは、それぞれＭＥＣＥで、粒度（レベル感）が一致している必要があります。

ロジックツリーテンプレート

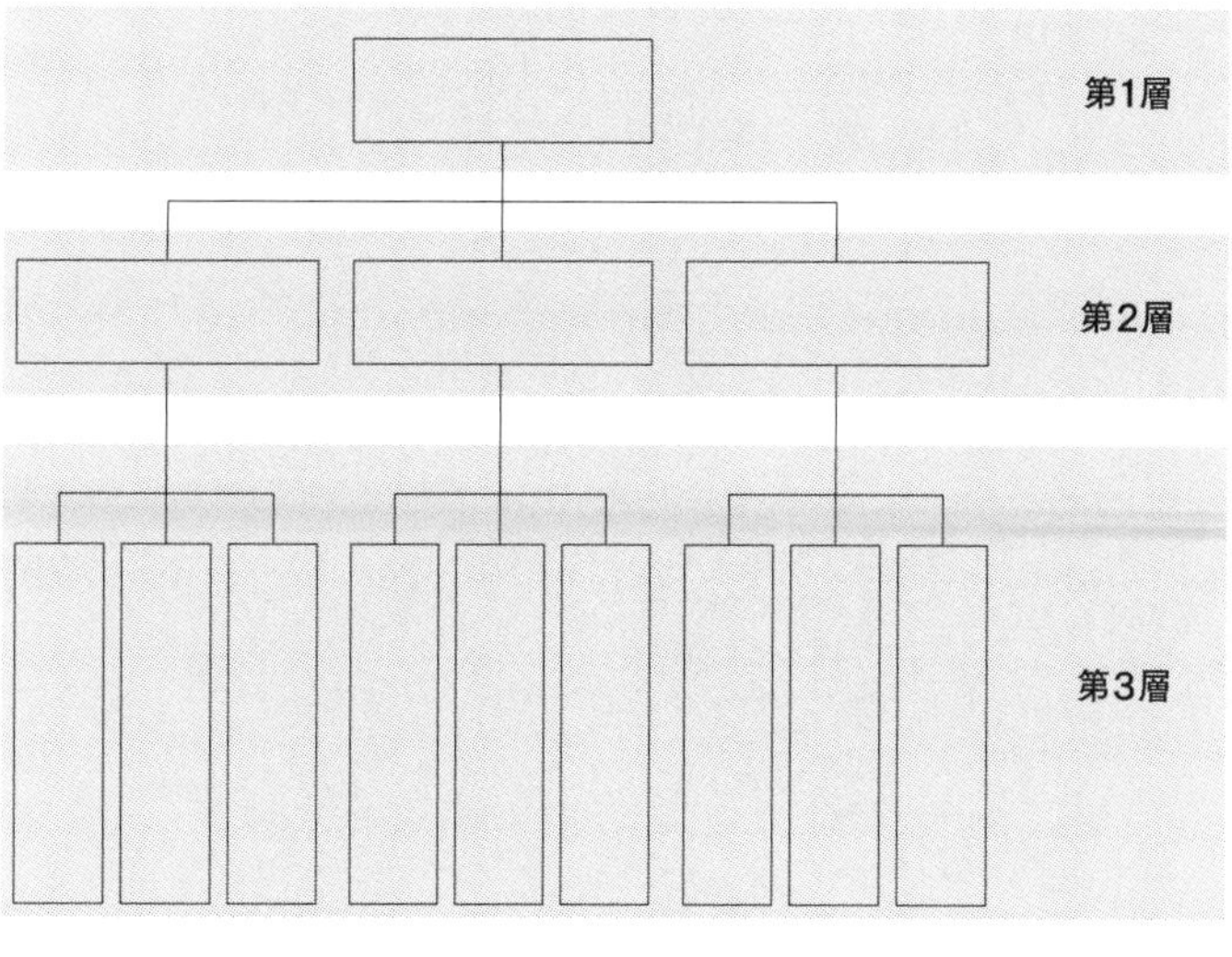

例を挙げるのが、最もわかりやすいと思いますので、例を挙げておきましょう。

下部に書いた事実から言えることを書く
（3つではなく、2つや4つでもOK）

「夫は運動が苦手」など、自分で考えた設定で構わないので事実を書く
（3つではなく、2つや4つでもOK）

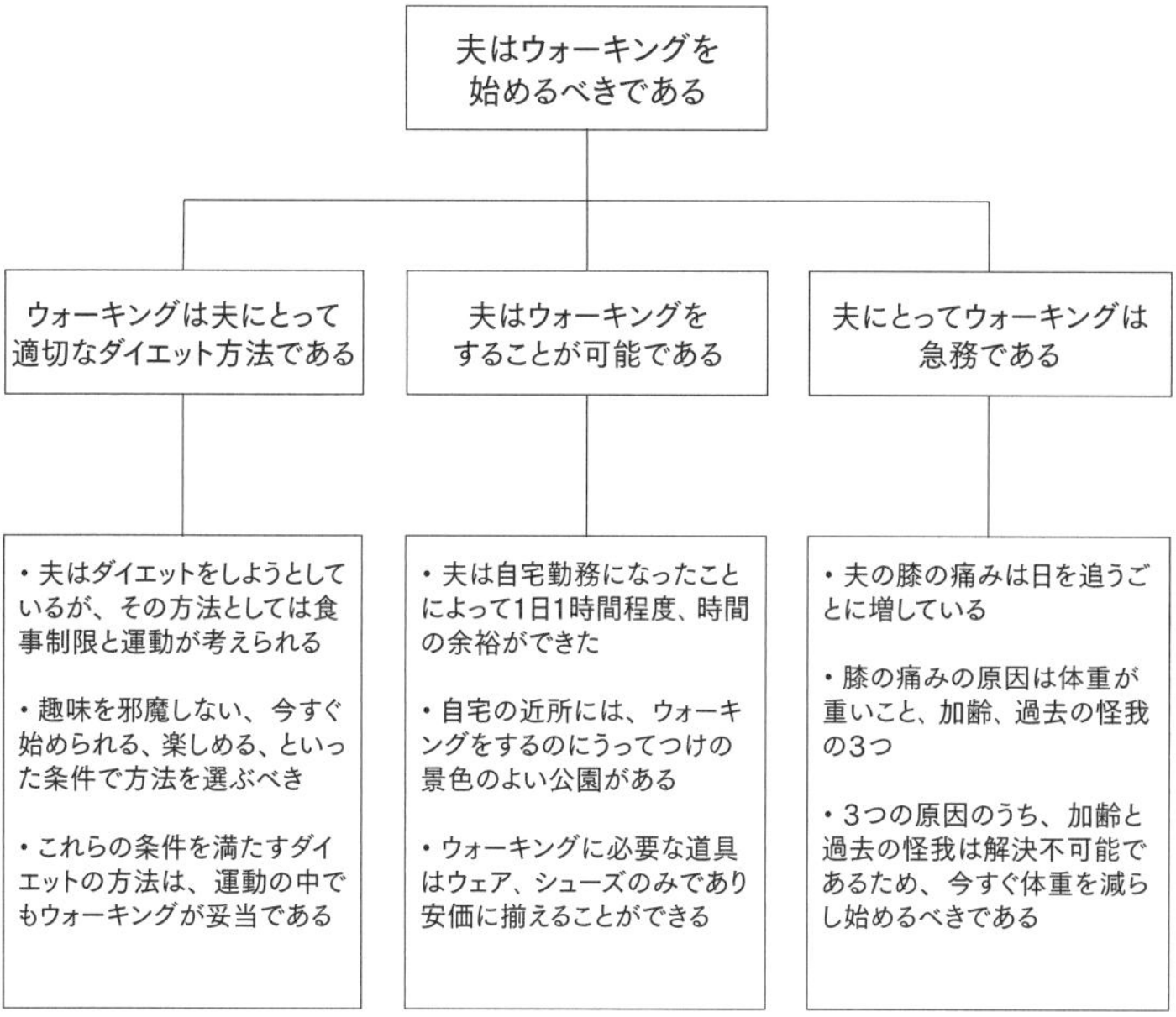
夫はウォーキングを
始めるべきである
ウォーキングは夫にとって
適切なダイエット方法である
夫はウォーキングを
することが可能である
夫にとってウォーキングは
急務である
・夫はダイエットをしようとしているが、その方法としては食事制限と運動が考えられる
・趣味を邪魔しない、今すぐ始められる、楽しめる、といった条件で方法を選ぶべき
・これらの条件を満たすダイエットの方法は、運動の中でもウォーキングが妥当である
・夫は自宅勤務になったことによって1日1時間程度、時間の余裕ができた
・自宅の近所には、ウォーキングをするのにうってつけの景色のよい公園がある
・ウォーキングに必要な道具はウェア、シューズのみであり安価に揃えることができる
・夫の膝の痛みは日を追うごとに増している
・膝の痛みの原因は体重が重いこと、加齢、過去の怪我の3つ
・3つの原因のうち、加齢と過去の怪我は解決不可能であるため、今すぐ体重を減らし始めるべきである

3 ロジックツリーを検証する

ロジックツリーを逆に、つまり下の層から見ていって、元の問題提起、つまり第一層にたどり着くか？　これを検証することで、論理的に正しいロジックツリーになっているかどうかを検証することができます。

たとえば、左の例で、XXには、どういう主張文が入るでしょうか？

正解は、「夫はウォーキングをすることが可能である」でしたね。

このように、上下のボックスで、「つまりどういうことか」＝So what?、「なぜそう言えるのか」＝Why so? の関係が成立していることが必要です。

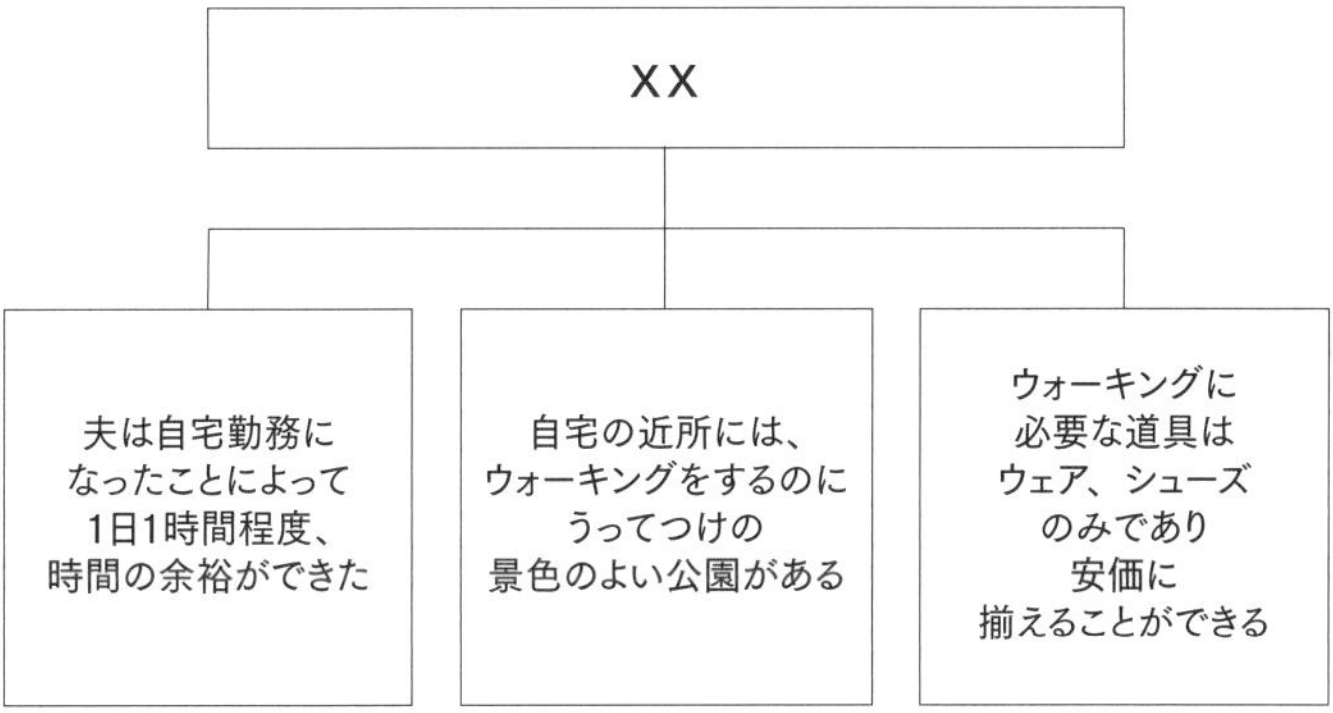
XX
夫は自宅勤務に
なったことによって
1日1時間程度、
時間の余裕ができた
自宅の近所には、
ウォーキングをするのに
うってつけの
景色のよい公園がある
ウォーキングに
必要な道具は
ウェア、シューズ
のみであり
安価に
揃えることができる

4 イシューツリーにしてみる

ロジックツリーを逆にしたものは、イシューツリーとも呼ばれます。

先ほどの例で言うと、「夫がウォーキングをするのは可能である。なぜならば」と「理由」が並んでいるのがロジックツリーでした。

これを、「夫がウォーキングをするには何が必要か？」という課題（イシュー）を掲げ、必要なことを挙げていくのがイシューツリーです。

イシューツリーでは、大きな問い（イシュー）をより答えやすい小さな問い（サブイシュー）に分解し、そのサブイシューをさらに細かく分解して（サブサブイシュー）、階層を区切っていきます。

「問いを分解」とは、分解後の問いに対する答えを組み合わせると、分解前の問いの答えが論理的に導出される状態をつくることを指します（答えを並べるとロジックツリーになります）。

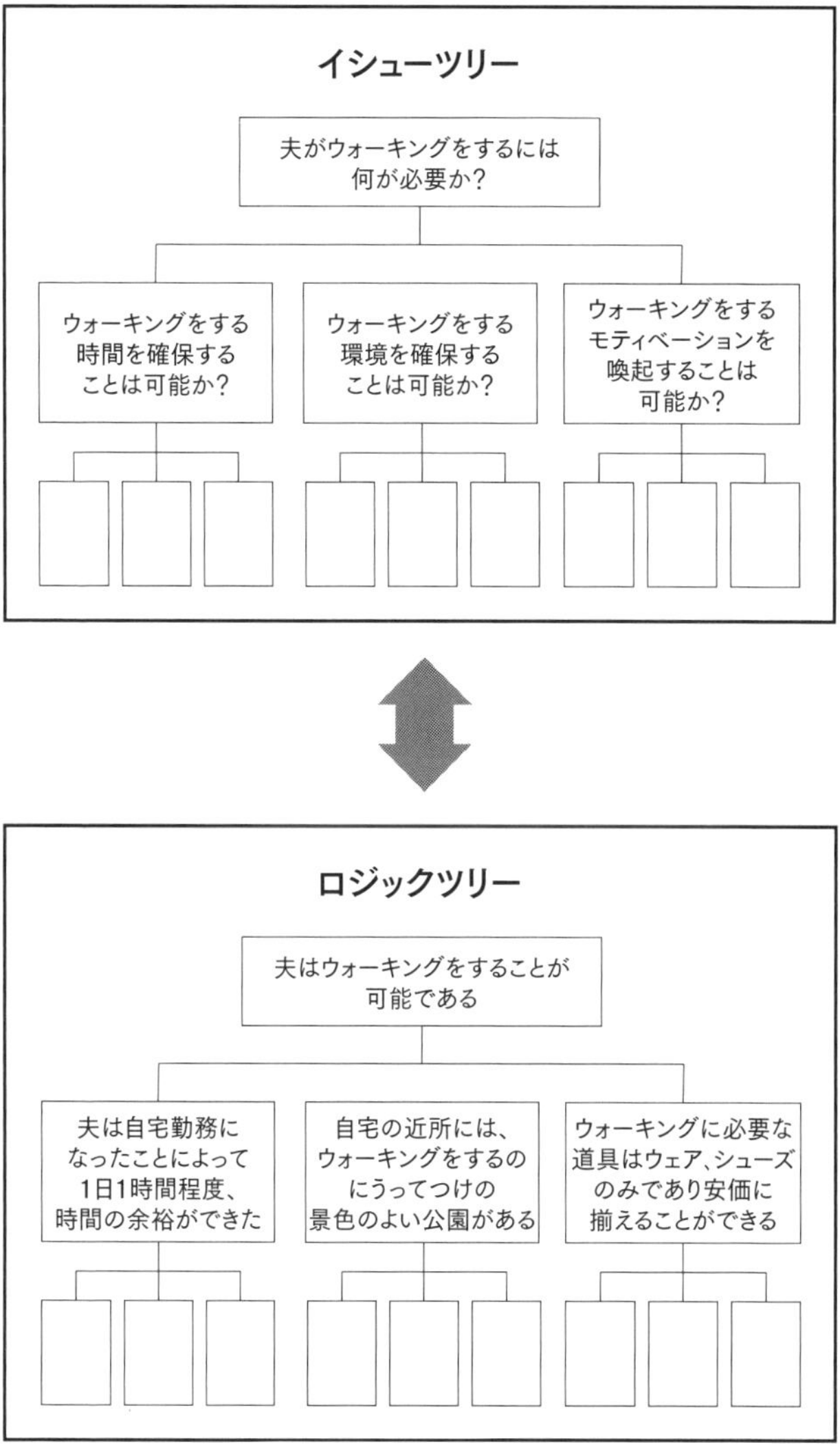

イシューツリー
夫がウォーキングをするには何が必要か？
ウォーキングをする時間を確保することは可能か？
ウォーキングをする環境を確保することは可能か？
ウォーキングをするモティベーションを喚起することは可能か？
ロジックツリー
夫はウォーキングをすることが可能である
夫は自宅勤務になったことによって1日1時間程度、時間の余裕ができた
自宅の近所には、ウォーキングをするのにうってつけの景色のよい公園がある
ウォーキングに必要な道具はウェア、シューズのみであり安価に揃えることができる

まとめ

ロジックツリーによって、
説得力ある文章に組み立てる

STEP1 一文一義の、正しい日本語で、主張を全部、箇条書きで書き出す。

STEP2 書き出した文をグルーピングする。
- MECEに分ける。
- 情報の粒度（レベル感）を一致させる。

STEP3 グループにした文章をロジックツリーにする。
第一層に、主張（またはイシュー＝課題）を書く。

第二層に、その主張を支持する事実（または根拠、要因）を並べる。

第三層に、第二層で挙げたことを支持する事実（または根拠、要因）を並べる。

以下、必要なら、第四層、第五層と、続ける。

STEP4 ロジックツリーを検証する。

So what?　Why so? の関係になっているか？

イシューツリーにしてみる。

2 論理学の基礎を用いる

「論理」を成り立たせる論証の構成やその体系を研究する学問として「論理学」がある。前節で書いてきたロジックツリーにしても、実は、この「論理」がわかっていないと、正しくつくることができない。ここからは、より緻密で強固な論理力の土台づくりのために、「論理学」の基礎をご紹介しよう。

多義性のない文を論理的に繋いだ文章を、さらに論理的に構成する、と、ここまでお話ししてきました。では、そもそも「論理的」とはどういうことでしょうか？　筋が通るとは、どういう状態になっていることなのでしょうか？　「論理学」の基礎を用いて、考えてみましょう。

「論理学」においては、一般に私たちが「論理的に考える」と言っているときのその思考の過程を「推論」と呼びます。

推論とは、根拠となる前提から新しい結論を、論理的方法論を用いて導くことで、一般には次の三つがあります。

❶演繹推論（ディダクション）
❷帰納推論（インダクション）
❸仮説推論（アブダクション）

文書や話、そこで述べられる結論や提案に説得力を持たせるためには、この三つのいずれかに当てはまっている必要があります。また逆に、一見筋が通っているように見える非論理的な言説に惑わされないためにも、これらについて知っておく必要があります。

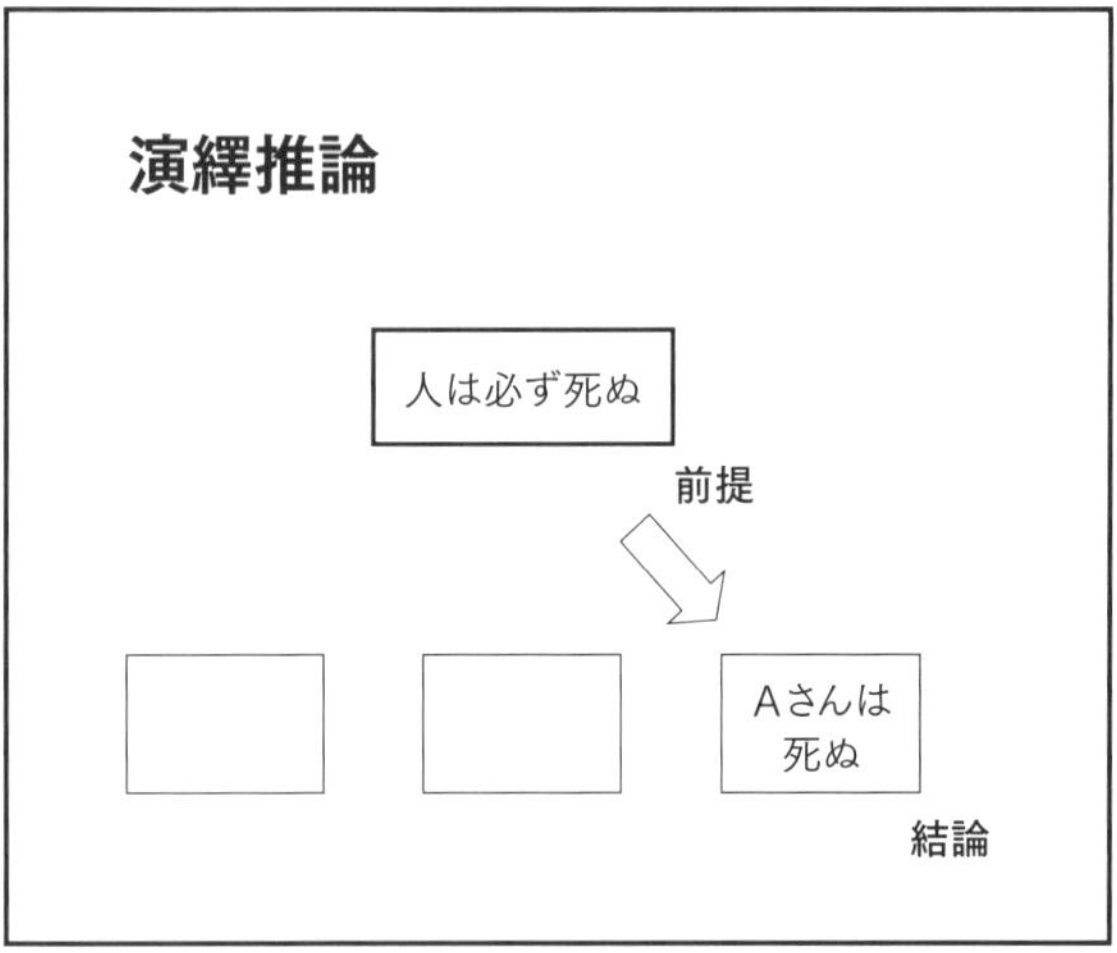
演繹推論
人は必ず死ぬ
前提
Aさんは
死ぬ
結論

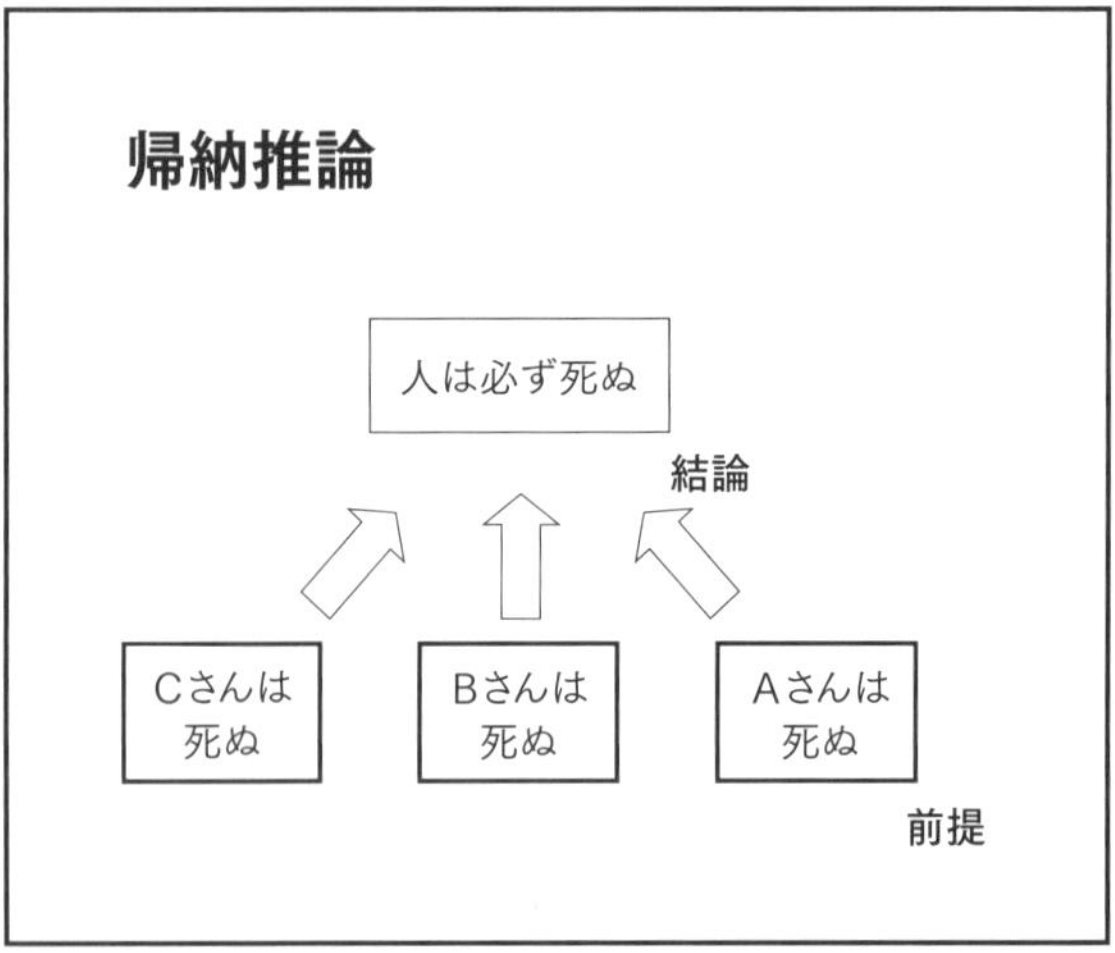
帰納推論
人は必ず死ぬ
結論
Cさんは
死ぬ
Bさんは
死ぬ
Aさんは
死ぬ
前提

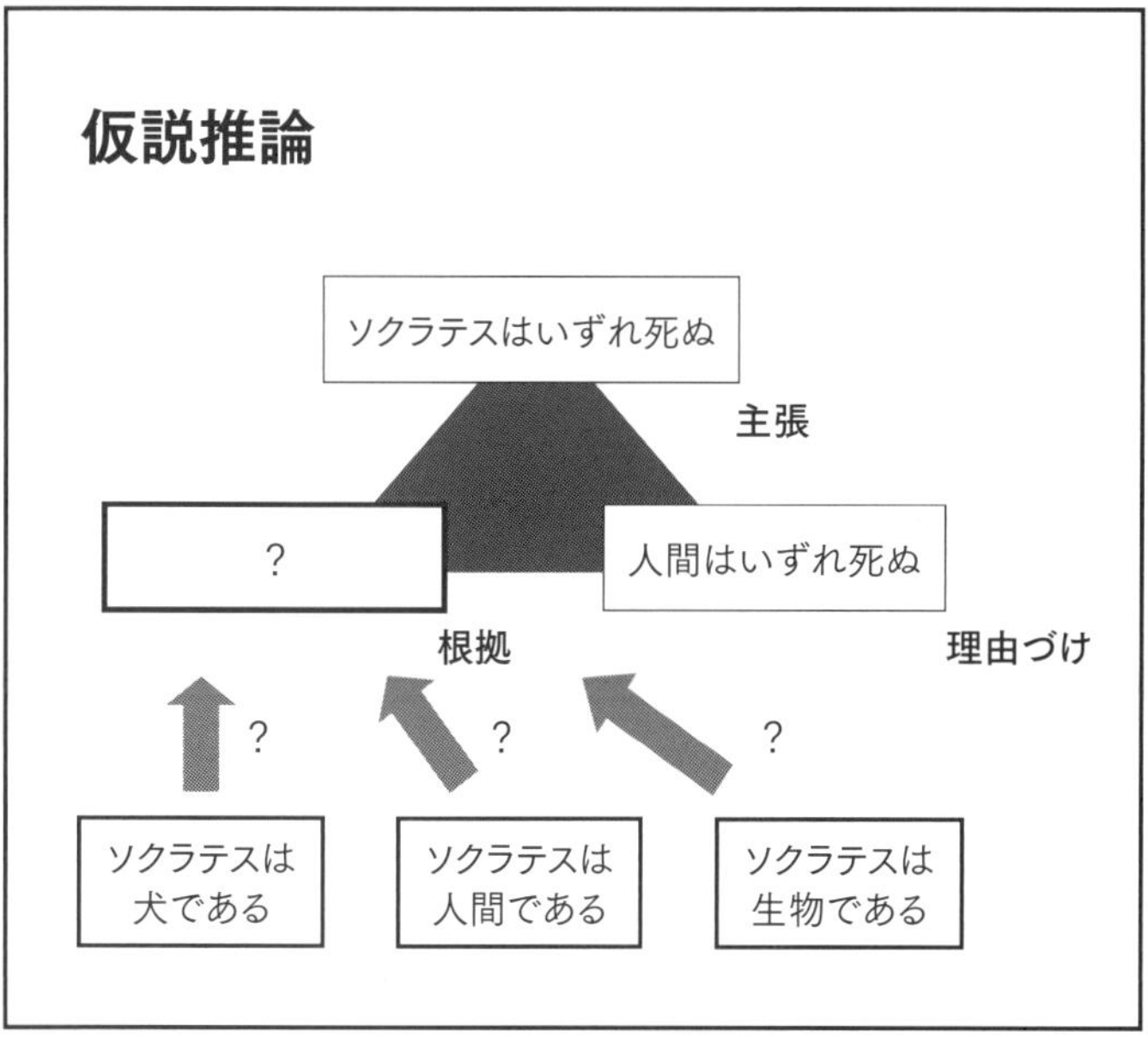
仮説推論
ソクラテスはいずれ死ぬ
主張
?
人間はいずれ死ぬ
根拠
理由づけ
?
?
?
ソクラテスは
犬である
ソクラテスは
人間である
ソクラテスは
生物である

1 演繹推論（ディダクション）

演繹推論というのは、**一般的、もしくは普遍的な前提から、より個別的な結論を得る推論**の方法です。一つの前提から結論を導く方法を直接推論、一つの前提（大前提）から第二の前提（小前提）を介して結論を導く方法を間接推論と呼び、いわゆる三段論法はその代表的なものです。たとえば、よく使われるのが、次の例です。

大前提「人間は皆、いずれ死ぬ」
小前提「ソクラテスは人間である」
結論　「ソクラテスはいずれ死ぬ」

実際のコミュニケーションにおいては、一般的に合意されている大前提は、多くの場合、省略されます（右の例では、小前提も省略されるでしょうね）。

たとえば、「会社から近くて食べログの点数が高いので、その店に行こう（選定要件の省略）」、「雨が降っているから中止にしよう（開催条件の省略）」など、日常生活では「大前提」のコンセンサスが複数あり、省略しても問題ない場合が多いのです。

ビジネスにおいても、この省略三段論法がよく用いられます。しかし、ビジネスの場では「大前提」は大事なプロセスですので、見落としのないようにする必要があります。

たとえば、次の推論は成り立つのでしょうか？

もし成り立つとしたら、省略されている大前提とは、どういう文になるでしょうか？

株式会社Xは幼児教育市場に参入すべきだ

なぜなら…

1　幼児教育市場は今後拡大する見通しである

2　幼児教育市場では高い利益率でのビジネスが可能である

3　幼児教育市場では競合他社よりも顧客に選ばれるようなビジネス展開が可能である

この場合、厳密な論証のためには、「市場が今後拡大し、高い利益率が見込め、競合よりも有利なビジネスが展開できる市場には参入すべきである」という「大前提」が成り立っていることが必要となります。

つまり、条件ＡＢＣが満たされたら参入すべきという「大前提」があってはじめて、条件ＡＢＣは満たされている、という小前提は意味を持ち、参入すべきという「結論」は論理的に正しいものとなります。

▼三段論法の基本構造

大前提　ＡはＢである（一般論など普遍的事実の提示）

↓「ある市場が１、２、３の三条件を満たす際、株式会社Ｘはその市場に参入すべきである」

小前提　ＢはＣである（主張を裏付ける具体的事実の提示）

↓「幼児市場は１、２、３の三条件を満たしている。その根拠は以下の通りである」

結論　ゆえにＡはＣである（伝えたい主張）

↓「ゆえに株式会社Ｘは幼児市場に参入すべきである」

しかし、仮にこの三つの論拠が事実だとしても、命題を説明するには不十分です。「なぜなら……」以下の三つの理由は、株式会社Xが幼児教育事業に参入すべき理由の説明としては十分ではなく、結論を補強する論拠が抜け落ちているからです。

1　幼児教育市場は今後拡大する見通しだ

抜け落ちている論拠

↓どれくらい市場が伸び、どの程度の市場を取れる見込みがあるか？

↓なぜそれが同社に可能なのか？

2　幼児教育市場では高い利益率でのビジネスが可能だ

抜け落ちている論拠

↓利益率の高いビジネスを行う条件とは何なのか？

↓なぜそれが同社に可能なのか？

3　幼児教育市場では競合他社よりも顧客に選ばれるようなビジネス展開が可能だ

抜け落ちている論拠

↓どんな事業なら利益率の高いビジネスが可能なのか？

↓なぜそれが同社に可能なのか？

これらを補うことにより、普遍的な事実（大前提）を踏まえ、主張を裏付ける具体的な証拠や理由（小前提）を示しながら結論に導く「三段論法」をうまく使えば、確度の高い推論が可能です。

▼前提は正しいか？

ところで、ここで気をつけなければいけないことがあります。**自分は「常識」として省略した大前提が、ほかの人にとっては常識ではない場合がある**ということです。

相手が、Cの条件が含まれる場合は参入すべきではない、という大前提を持っているとしたら？あるいは、女性は誰もが内心は結婚したいと思っているものだ、という大前提を持っている人が、子どもは持ちたいが結婚はしたくない、と思っている女性と話しても、そもそも前提が異なるのですから、説得力はなくなります。

前提が異なるだけでなく、そもそも間違っている場合も実は少なくありません。

科学の歴史を見れば前提が間違っていたことはいくらでもあり、たとえば地球が丸いことは、マゼランの地球一周によって「証明」されるまで、大前提ではありませんでした。

日常の私たちの推論においては、最新かつ信頼できるデータやファクトの確認をすることなく、誤ったデータや古いデータ、自分の個人的体験のみに基づく思い込みから、誤った結論を導いている例が少なくありません。

少子化が進んでいるのは一人っ子が増えているからだ。したがって、二人目の子どもを持つ家庭への補助的施策が、少子化対策に最も有効である。

結婚している女性の平均出産数はほぼ二人で、この五十年、さほど減少しておらず、少子化により大きく影響している要因はそもそも婚姻率と数の減少であることは、ちょっと調べればわかることです。

2 帰納推論（インダクション）

個別的な事例から、一般的・普遍的法則を見出そうとする推論です。

帰納法には、全ての事例を列挙する完全帰納推論と、限られた事例から普遍的な法則を導く不完全帰納推論がありますが、私たちが日常的に使っているのは、後者の不完全帰納推論のほうです。そこで、**少なすぎる、あるいは、偏った事例から、普遍的な結論を導こうとする早まった一般化も少なくなく**、それが的確な課題の発見と、さらには的確な解、対策立案を妨げることになります。

▼早まった一般化

たとえば、

「私の甥っ子は、ゲームを禁止したら、成績が下がった」

「隣の子も、ゲームを取り上げたら成績が下がった」

したがって、
「ゲームを禁止すると、子どもの成績が下がる」

この結論は、普遍的と言えるでしょうか？
普遍的と言えるのは、ランダムに選んだ全国の小学生のたとえば一万人の追跡調査、もしくは、ゲームを続けた子どもの集団（比較対照群）との比較で、統計的に有意な差が認められる場合に限られるでしょう。

さらに、この結論「ゲームを禁止すると、子どもの成績が下がる」から、「だから、成績を上げるために、ゲームを積極的にやらせよう」という「対策」を立てたとなると、こちらは誤った演繹推論を用いて、二重に間違いを犯すことになります。

まず、最初の帰納推論の間違い。
「ゲームを禁止したら、成績が下がった」ということは、「ゲームを禁止しなくても、成績が下がった」人もいることを論理的に否定するものではありません。

▼前件否定論証の間違い

次は、演繹推論の間違いです。

「ゲームを禁止する」の「否定」は、「成績が下がる」の「否定」の条件にはなりません。したがって、「ゲームを禁止しなかったら、成績が下がらなかった」とは言えません。ましてや、「成績が下がる」の逆の「上がる」という意味はどこにも含まれません（論理学で「前件否定論証」と呼ばれるものです）。

これは、「自分がされて嫌なことは、人にするな」が正しいからと言って、「自分がされて嫌ではないことは、人にしていい」と言っているわけではないことを考えれば、すぐにわかるでしょう。論理的にではなく、論理的に正しくないのです。

少々くどくなりましたが、この類いの間違いは、前述の少子化対策の例も含め、日常的にあまりにも多く目につくため、記しました。間違いではなく、故意に、誤ったロジックで主張を通そうとしている場合もあります。いわゆる詭弁です。それに惑わされないためにも、普段から、論理に敏感になっている必要があります。

▼投射と類推（アナロジー）

帰納推論としては、**いくつか、または全ての要素から、全ての要素に共通する法則を推測する「枚挙型」**が一般的ですが、いくつかの要素から**別の要素の状態を推測する方法**（「投射」と言います）もあります。

たとえば、

「ネイティブ並みに英語を話すAさんは帰国子女だ」

「ネイティブ並みに英語を話すBさんも帰国子女だ」

「ネイティブ並みに英語を話すCさんも帰国子女だ」

「したがって、ネイティブ並みに英語を話す人は帰国子女だ」

と推測するのは（正しいかどうかは別として）「列挙型」。

これに対し、

「ネイティブ並みに英語を話すAさんは帰国子女だ」

「ネイティブ並みに英語を話すBさんも帰国子女だ」

「ネイティブ並みに英語を話すCさんも帰国子女だ」
「したがって、ネイティブ並みに英語を話すDさんも、帰国子女に違いない」
と推測するのが**「投射」**です。

こちらも、日常的にはよく用いられ、速やかな判断に役立つ一方、ときに、「女性は〜」とか「日本人は〜」「中国の製品は〜」「高齢者は〜」などと、偏見や誤った先入観の原因となりますので、正しく用いることが重要です。

▼類推（アナロジー）

類推というのは、「システムAが持っている性質や特徴は、システムBも有すであろう」という推論です。科学の世界で、「太陽の周りを惑星が周回しているように、原子核の周りを電子が周回している」と考えるのも、この類推によるものですし、食肉の加工工場の流れ作業を見て、ベルトコンベアー式の自動車製造の仕組みを思いついたとされるフォードの発想の源もそうです。

このように、この推論は、科学的発見や、画期的商品やビジネスモデルの発想によく用いられます。日常の会話でも、たとえ話などで、よく用いられています。

類推は、発想法としてよく用いられる

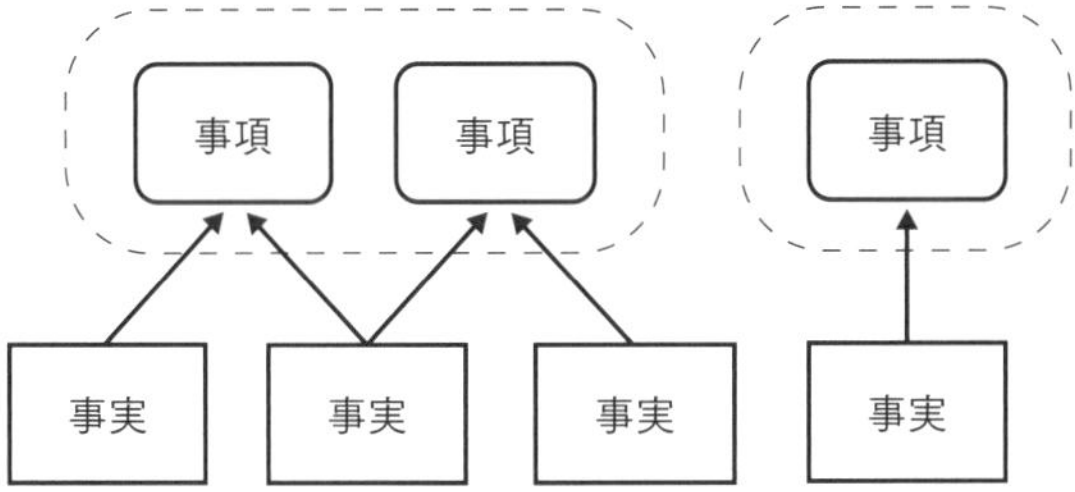

3　仮説推論（アブダクション）

従来からの知識だけでは説明不可能な事象が発見されたとき、ある飛躍した仮説を立て、その事象を証明することができたら、その仮説の正しさを認める、という推論法で、「仮説推論」や最近のビジネス書では、「仮説思考」などと呼ばれたりしています。

リンゴは木から落ちる、栗も落ちる、塔の上に上った人も落ちる、「だから、支えるものがなければ全てのものは落ちる」。これが、帰納推論によって導かれます。そして、それを大前提に、「だから、柿も落ちる、塔も落ちる」と演繹推論も成り立ちます。ところがそこで、では、なぜ星は落ちてこないのか？　そう考えたのがニュートンでした。それを説明するには、飛躍した仮説が必要でした。それが、「万有引力の法則」だった、というわけです。

これは、実際の課題解決によく用いられ、どれだけ画期的な仮説を立てられるかが、コンサルタントの手腕だとも言えます。

たとえば、大手コンビニチェーンで、A社の売上が四位から二位に浮上したのはなぜか？　大手ビール会社で、B社の売上が伸びている理由は何か？　といった問いに対し、おそらくは、「経営者が代わった」「組織改革をした」「給与体系を変えた」「広告の出広先を変えた」「店舗を増やした」「店舗を減らした」等々、いくつかの「仮説」を立て、ファクト、データを集めて、検証していくことになるでしょう。これも、飛躍した仮説とまではいきませんが、仮説を立ててから検証する、という意味では、アブダクションを用いていると言えます。

よく用いられるマトリクスのフレームワークも、縦軸と横軸に何を持ってくるか、それが決め手であり、それもまた、一つの飛躍した仮説と言えます。

まとめ

論理学の基礎を用いる

❶演繹推論

一般的、もしくは普遍的な前提から、より個別的な結論を得る推論

・提案に説得力を持たせ、具体的な戦略立案をしたいときに特に有効。

・そもそもの前提の間違いや、トートロジーや前件否定論証の間違いに注意。

❷帰納推論

個別的な事例から、一般的・普遍的法則を見出そうとする推論

・複数のデータやアンケート調査などを分析して、提案をしたいときに主に有効。

・データ量の質と量が不十分だと的確な結論が出ない。

帰納推論と演繹推論の関係性

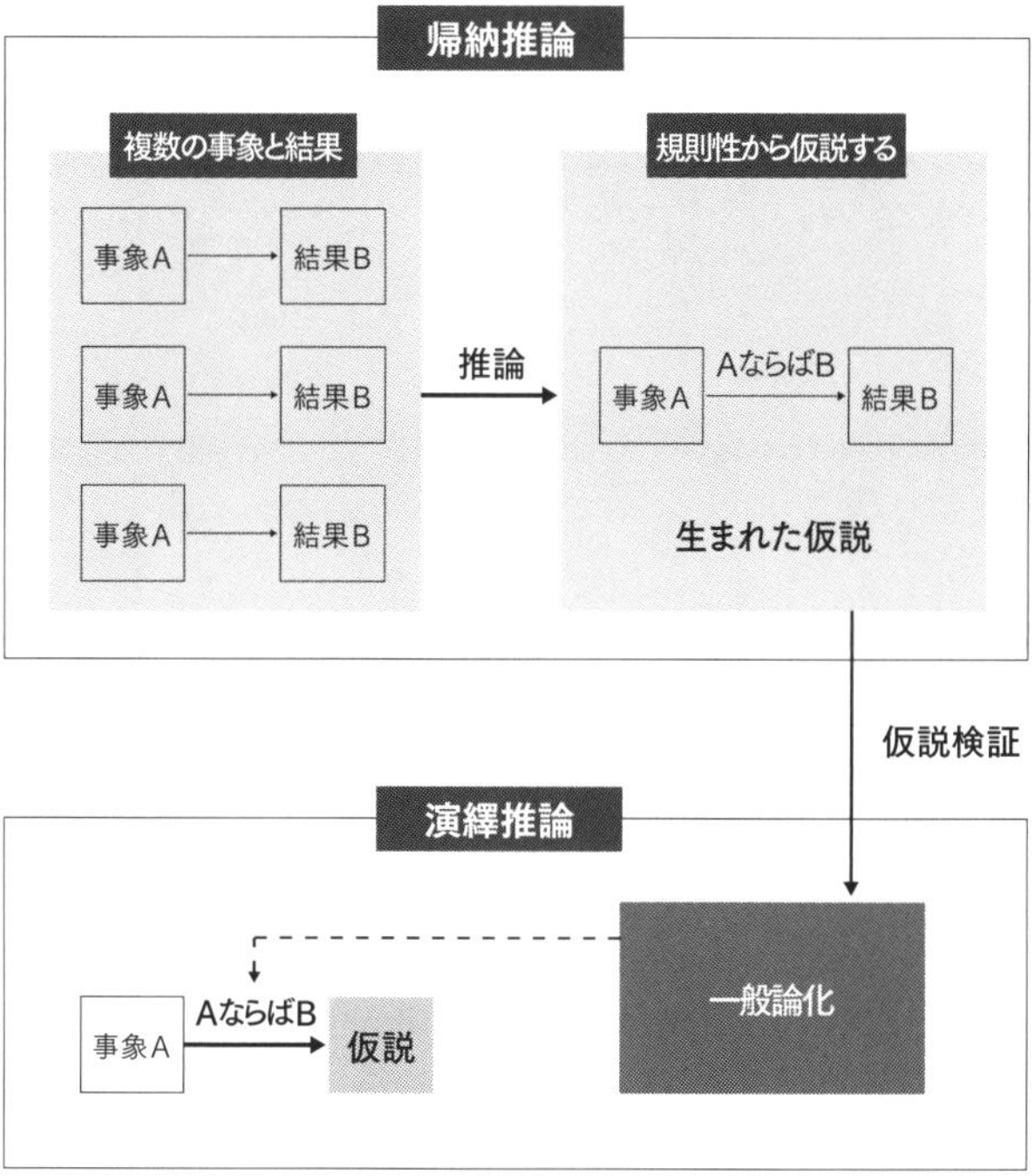

❸仮説推論

従来からの知識だけでは、説明不可能な事象が発見されたとき、ある飛躍した仮説を立て、その事象を証明することができたら、その仮説の正しさを認めるという推論

・画期的な課題解決や分析方法の発見に主に有効。マーケティングの現場でも用いられる。

・飛躍した仮説を立てられないと、単なる帰納推論に終わる。

3

コミュニケーション力

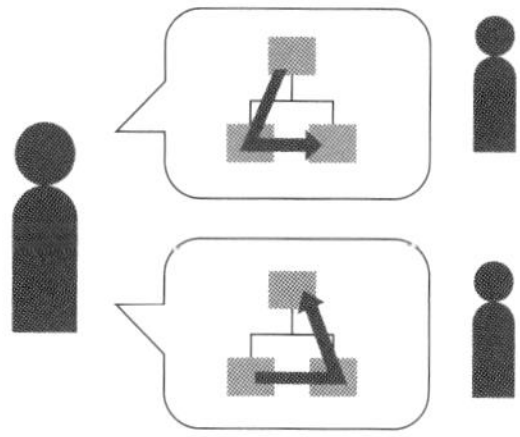

論理的に整理された主張を、
相手の性質や置かれた状況を踏まえた形
（順番、表現、語り口...）で伝える

1 なぜ、伝わらないのか？

なぜ、うまく伝わらないのか？　なぜ、なかなか受け入れられないのか？　コミュニケーションは、多くのビジネスパーソンの最大の課題だろう。伝わらない理由は、二つある。一つは、内容。もう一つは、伝え方だ。ここまでの復習も兼ねて、まずはメッセージの「内容」からチェックしてみよう。

コミュニケーションの目的とは、送り手が意図した反応を受け手に起こすことです。生徒との関係で言えば、生徒が自分の講義を理解してくれてはじめて、上司との関係で言えば、上司が自分の調査結果に基づく提案を受け入れ採用してくれてはじめて、顧客との関係で言えば、顧客が注文してくれてはじめて、そのコミュニケーションは、「成功」したと言えます。

コンサルティングでは、課題発見から始まって、調査・分析の結果とその課題解決の方法を提案するわけですが、クライアントが、それを受け入れ、提案する変革を行い、実際に課題が解決されて（多くの場合、売上や利益が増加して）はじめて、そのプロジェクトは成功したと言えます。

どんなに優れた提案がアウトプットされたとしても、それをクライアントが実行し、成果に繋げていかなければ、結果として、当初の目的である課題の解決については失敗です。おそらくリピートはありません。

というわけで、コンサルタントの三種の神器の最後は、やはり、「コミュニケーション」。論理的に整理された主張を、相手の性質や置かれた状況を踏まえた形（順番、表現、語り口）で伝えられるようにすることです。

1 メッセージに含めるべき内容を自分の中で明らかにする

「せっかく調べて分析して打ち出した提案がなかなか理解されない。なんでわかってくれないんだ。みんな、頭悪いのか?」。そう憤慨している方もいらっしゃるかもしれませんが、もしそうだとしても、その提案を通したかったら、相手のせいにする前に、自分の伝え方に問題がないのかを振り返ってみるほうが建設的でしょう。提案に対する先方の検討が遅れるだけでなく、相手は、無駄に時間をとられていると、悪印象をいだくだけですから。

たとえば、次のようなケース。返事がもらえない、あるいは、もらうまでに時間がかかる原因は、どこにあると思いますか?

「ちょっと今お時間いいですか。先日の打ち合わせで話題に上がった顧客データ活用の可否についてなのですが、情報システム部と法務部に確認したところ、顧客データを活用するには許諾を取り直す必要があることがわかり……」

受け手は、自分がどのようなリアクションをとるべきかわからないため、長い説明のどのタイミングで自分のリアクションが求められるのか不安に感じながら話を聞き続けることになります。

最初に、この**コミュニケーションの「目的」を伝える**必要があります。

たとえば次のようになります。

「ちょっと今お時間いぃですか。先日の打ち合わせで話題に上がった顧客データの活用の許諾をもう一度いただけますでしょうか？　情報システム部と法務部に確認したところ、もう一度、許諾を取り直す必要があることがわかったからです。お手数おかけして申し訳ございません」

このように、**話が理解されない理由の多くは、そもそも、何を何のために伝えるのか、自分の中で明確になっていないまま話し始めることにあります。**

ビジネスにおけるメッセージには、次の三つの要素が含まれる必要があります。それぞれについて、まず、自分の中で明らかにします。

❶論点

そもそものテーマは、自分だけでなく、相手にとっても「今」検討すべき論点か？

①相手の目線でも解くべき問題か？
②緊急性は高いか？
③重要性は高いか？

❷期待する反応

相手に期待する反応が自分の中で明確になっているか？

ビジネスにおけるコミュニケーションの目的は、たいてい、次の三つのいずれかです。

①**共有**　理解してもらう
②**相談**　意見・判断をもらう
③**依頼**　行動してもらう

❸提示する答え
論点に対する結論と根拠、方法はそろっているか？

以上を明らかにしたら、それをメッセージに含めます。それで、多くの場合、あなたが言いたいことは伝わります。逆に言うと、「伝わらない」「わかってもらえない」というとき、この三つのいずれか、あるいは全てが明らかになっていないままコミュニケーションをとっている場合がほとんどです。

2 どの部分が伝わっていないのか？

先に挙げた❶**論点** ❷**期待する反応** ❸**提示する答え**のうち、「伝わらない」理由が含まれがちなのが、❸です。要するに、前章の論理の部分です。

ここには、論点に対する結論、根拠、方法の三つを含める必要があると言いましたが、いったいこのうちのどこが伝わらないのか？ まず、それを明らかにする必要があります。

理由はたくさんありますが、それぞれ、最もありがちな落とし穴は次の三つです。

❶**結論が伝わらない**

①**言いたいことの単なる要約になっている**

調べた内容や気になった情報を盛り込みすぎた結果、「要するに何なの？」と言われる

②**「状況に応じて」「場合によっては」など、具体性を伴わない表現が含まれる**

❷根拠が伝わらない

①トートロジーになっている

「Aを用意すべき、なぜならAがないから」といった誤った論理はありがち

②事実ではなく意見や憶測になっている

事実または一般に合意される内容とする

❸行動できる水準にまで具体化されていない

どうやって？　と繰り返し自問自答して、具体性を高める

例：クレームを減らす⬇顧客対応を改善する⬇販売員の意識を高める⬇顧客対応を人事評価に反映する／担当者を変える⬇評価マニュアルを更新する／人事異動をする

3　論理のありがちな落とし穴

第2章で、論理について述べましたが、一般にビジネスの場で見られるよくない例は、いくつかのパターンに限られます。それが、次の四つです。

❶ダブり

結論や根拠に含まれる要素同士が重複している

例：結論の説明で、「三点あって」と言っているが、一個目と三個目の内容が被っている

❷漏れ

結論や根拠に漏れがある

例：根拠として、結論になるオプションのメリットのみを説明し、デメリットが述べられていない

❸ズレ

論点と答えが整合していない

例：実行すべきか否かが論点であるにもかかわらず、とるべき方法とその理由に終始している。

❹飛び

論点と結論、結論と根拠、結論と方法の関係に飛躍がある

例：「したがって」「ゆえに」「することで」といった単語を使っているが、前後の因果関係に納得できない

たとえば、次の例は、今挙げた「ダブり・漏れ・ズレ・飛び」のうちの、どの落とし穴に入っていますか？

A社は今後メタバース事業に参入すべきである

1　メタバース市場は、26年の国内市場が一兆円以上と予測される大きな成長市場である

2　各社とも将来市場を見込んで参入を始めているが、国内ではまだ勝者が定まっていない

これは、**「漏れ」**ですね。参入すべき理由として、将来市場の大きさと勝者が未定であることしか理由を挙げておらず、根拠がMECE（抜け漏れなし）に検討されているように見えません。少なくとも3C分析のフレームワークを用いて、1を「顧客・市場（Customer）」、2を「競合（Competitor）」として、「自社（Company）」の強みを入れるべきでしょう。

ちなみに、この3C分析や、「商品（Product）」「価格（Price）」「販促（Promotion）」「流通（Place）」の4P分析、マッキンゼーの組織変革のフレームワーク7S（「戦略（Strategy）」・「組織（Structure）」・「システム（System）」・「価値観（Shared Value）」・「スキル（Skill）」・「人材（Staff）」・「スタイル（Style）」）や、マイケル・ポーターの競争要因の5フォース（「新規参入者の脅威」・「売り手（サプライヤー）の交渉力」・「買い手（顧客）の交渉力」・「代替品や代替サービスの脅威」・「既存企業同士の競争（競争業者）」）などのフレームワークは、根拠や結論をMECEに分け、抜け漏れを防ぐ上で有効です。

では、次についてはどうでしょうか？

新規事業立ち上げに向けては、
データサイエンティスト15名の新規採用が必要である。

・ここで言うデータサイエンティストとは、
大規模データの処理を行えるだけでなく、
重回帰分析や時系列分析といった分析を自ら設計して実行できる人材を指す

・15名の獲得方法は、
統計学を学んだ大学院生の新卒採用で5名、
経験者採用で10名を予定している

こちらは、「飛び」ですね。

論点も明確に示されないまま、結論が示され、さらに、その結論に対する根拠が示されていません。そして、単に、データサイエンティストの定義と、採用の「方法」に話が飛んでいます。

まとめ

なぜ、伝わらないのか？

POINT1 伝える前に明らかにすべきこと

❶論点、そもそも、メッセージの目的は明らかになっているか？

・論点（テーマ）は何か？

・それは、自分だけでなく、相手にとっても、「今」検討すべき論点か？

❷相手に期待する反応が明らかになっているか？

①共有　理解してもらう

②相談　意見・判断をもらう

③依頼　行動してもらう

❸論点に対する、自分の結論と根拠、方法がそろっているか？

POINT2 受け入れられなかったときに明らかにすべきこと

伝わらなかったのは、

❶そもそもの結論か？

❷その根拠か？

❸具体的な行動の方法か？

POINT3 論理の落とし穴にはまっていないか？

❶ダブり

❷漏れ

❸ズレ

❹飛び

2 人はどんなときに動くのか？

ビジネスにおけるコミュニケーションの目的は、次の二つに大別できる。
①論理的な主張を正しく伝える
②人を説得して動かす
実は、コンサルタントを目指すような人は、たいてい①までは、難なく行えるようになる。

行えるようになるまで、徹底訓練される。けれども、②のほうは、ひょっとしたら事業会社の方のほうが得意で、よく訓練されているかもしれない。


いくら正しい内容を伝えても、相手が拒否反応を示したり、聞く耳を持たなかったりすることがあります。コンサルタントもよくこのミスを犯します。

どんなに言っていること、書いていることが正しく、筋の通ったものであったとしても、相手がそれを受け入れるかどうかは、また別の問題です。

人は、論理的に正しいからと言って、受け入れるわけではないのです。

ここで言う「受け入れる」とは、単に、頭で「理解した」「納得した」「賛成／共感する」「説得させられた」ということではありません。頭で納得した上で、気持ちもそれを受け入れ、実際に行動を起こす、行動に変容を起こす、ということです。

その場では伝わったように見えても、相手の行動が変わらないというのは、日常茶飯事です。誰しもいつも感じていることだと思います（ただし日常においては、ここまで見てきたように、その原因が、そもそも論理的に正しくないことを言っている、そもそも内容が曖昧で行動に起こしようがないなど、論理的に正しい文章でないことから来ていることも、多いものと思われますが）。それどころか、端から聞く耳を持たれないことも珍しくないでしょう。

では、どうしたらいいのか？

▼コミュニケーションの目的を明確にする

人を説得して動かすコミュニケーションにとって最も重要なのは、そもそもどう動かしたいのか？　つまり、それを伝えることによって相手からどういう反応を得たいのか、134～7ページに書いたように、

相手に期待する反応が自分の中で明確になっているか？

というコミュニケーションの目的を明らかにすることです。

ビジネスにおけるコミュニケーションの目的は、前述のように、次の三つのいずれかです。

①共有　理解してもらう
②相談　意見・判断をもらう
③依頼　行動してもらう

理解を得ることなのか、何らかの意思決定を得ることなのか、あるいは意見、アドバイスを得ることなのか。

この**「目的を明確にする」というのが、コンサルの基本スキルとしてのコミュニケーションで、最も重要なことです。**そして、その目的に沿った話を組み立てることです。

でも、目的を明確にすることと、その目的が達成されることは、また別の問題です。

では、目的を達成するために、実際のコミュニケーションではどうしたらよいのでしょう？

コンサルタントの中にも、コミュニケーションの得意な人もいれば、そうでない人もいます。得意な人はいったいどうしているのか？

私自身、さまざまな仮説を立てては、観察によって検証してきましたが、出した結論は、一つ。

相手の話を聞く

ということでした。

▼相手の話を聞くとは、相手を理解すること

なあんだ、そんなことか、と思われるかもしれませんが、これが驚くほどできていません。特にコンサルタントを目指すような人や、一般企業である程度の経験、知識、地位のある人ほど、自分がしゃべりたい。本来、さらに、相手の話を引き出すべきところで、自分がしゃべってしまいます。

一方的な伝え方なら、誰でもできます。自分をアピールする目的のコミュニケーションなら、それもいいかもしれません。けれども、目的は、こちらの期待する反応を相手から得ることです。目的があり、それを達成するために伝えるのです。

だとしたら、相手を理解する必要があります。相手の状況を知る必要があります。そうでないと、効果的な伝え方はできません。

つまり、相手の話を聞く、というのは、相手を理解するためです。

したがって、コンサルタントの基本スキルとしてのコミュニケーションスキルをより正確に表現すると、

①目的を明確にする
②相手を理解する

となります。

とはいえ、相手の話を聞くのも難しければ、相手を理解するのはもっと難しい。具体的には、どうしたらよいのでしょうか？

▼相手を理解するために「聞く」技術

相手を理解するには、当然のことながら、なかなか一回のミーティング程度では無理です。官僚が行っているような下ネゴ（シエーション）が必要です。つまり、相手に関する情報収集、窓口となる担当者との事前交渉や、根回しなどです。

その上で、面談や交渉の場で重要なのは、相手が発言したり、何か行動を始めたりしたら、それをさらに引き出すことです。でも、これがなかなかできない。

そこで、若手のクライアントミーティングに同席するときに、私がまずやることは、若手がしゃべるのを止めることです。

したがって、「相手を理解する」ためにやることは、第一に、

①相手が話し出したら、黙る

これに尽きます。

次に、相手を理解するための「聞き方」として重要なポイントは、もう一つあります。
それは、

②相手の立場になって聞く

ということです。どういうことか、例を挙げて説明しましょう。

私は、大のサッカー好きです。特に社会人サッカーが大好きです。実際、この章を書いている日の前日も、アマチュアサッカーの試合を見に行きました。

先日、メンバーの聞く力を試すために、私のサッカーの試合観戦記を話してみました。昨日、アマチュアアサッカーの試合を見に行った、二つも見たと。

でも、Jリーグでもない、アマチュアの試合。ほとんどの人にとっては、どうでもいい話でしょう。どう反応していいかわからない。愛想笑いを浮かべながらも、あからさまに、どうでもいいという表情を見せるわけです。

それでも、関東リーグの優勝決定戦という、私にとっては結構重要なイベントだったので、続けて話しますが、相手の顔色を見れば、全く興味を持たれていないことがわかります。私から、すみません、と話すのをやめてしまいました。

ただの親睦のための会話なら、お互いの興味の接点を探るにとどめるのも、いいかもしれません。けれども、日々の教えとして、聞くことの大切さを強調している私が部下に話しかけているわけです。私が、サッカーが好きで、どのサッカーの試合を見て、何に共感したかを知るというのは、私を理解する上での大きなヒントになるはずです。

つまり、聞く人の立場で聞く、というのは、**私と同じくらいの興味を（サッカーに対して）持って聞く**ということです。


「中村さん、サッカー見に行ったんですか、どのチーム、見に行ったんですか」

「浦安対栃木だよ」

「栃木って栃木SCですか。Jリーグの栃木SCってあるんですけど」

「いやいや、違う違う。栃木シティだよ」

「Jリーグ以外にも、栃木ってサッカーチームあるんですか」

サッカーに興味を持てたら、このように聞いていくはずです。すると、私がなぜ栃木ＳＣではなくて、栃木シティを見に行ったのか、深い話まで進んでいきます。

誰でもできるはずですが、ほとんどの人がやりません（それこそ、まだ付き合っていない好みの異性に対してなら、するかもしれませんが）。

つまり、相手の立場で聞く、というのを、もっとわかりやすく言うと、

コミュニケーションの相手を、恋愛相手のように好きになれ

ということになります。

相手を理解するための聞き方をまとめると、次の二つです。

①相手が話したら黙る
②話し手と同じ度合いで、相手の話の内容に興味を持つ

興味の度合いが、相手に対する尊敬の度合いでもあります。

まとめ

人はどんなときに動くのか？

❶コミュニケーションの基本中の基本スキル
①目的を明確にする。
②相手を理解する。

❷相手を理解するとは、聞くこと
相手を理解するための聞き方
①相手が話し出したら、黙る。
②相手の立場で聞く。
話し手と同じ度合いで、相手の話の内容に興味を持つ。

3 アリストテレスの弁論術に説得の技法を学ぶ

相手を理解したあとは、いよいよ「伝える」技術に踏み込む。

最も高い伝える技術を持っていたとされるのが、古代ギリシャの哲学者アリストテレスだ。

しかし、アリストテレスの手法は、現代で驚くほど活用されていない。ここでは、彼の『弁論術』から、人の気持ちに働きかける「レトリック」を学ぶ。


アリストテレスは、その『弁論術』において、人を動かすプロセスとして、

❶エトス（信頼）
❷ロゴス（論理）
❸パトス（共感・感情）

からなる「三段論法」を挙げました。

❶エトス　語り手の人柄による説得

・人格、評判、聞き手からの信頼など

・アリストテレスは、三要素の中で最も重要であると語った

❷ロゴス　論理の力による説得

・単に論理的であるだけでなく、聞き手の考えを利用することがポイント

❸パトス　感情の動きによる説得

・まずは聞き手の感情に関心を示す（共感）

・その上で、自分の意図した行動に繋がるように聞き手の気分を変える

説得の目的

理解
メッセージの内容が
正しく伝わる

合意
相手側も同じ意見を
持つようになる

行動
メッセージとして
提案・要求した行動
を相手が実行に移す

➡ **ここが説得のゴール**

説得の方法

日本語・論理の
章の内容を活かして
論理的に主張すれば
理解される

往々にして、
論理的な主張のみでは
合意や行動に至らない
ことが多い

- めんどくさい
- なんとなく嫌だ
- 行動しない理由があるが
  言いにくい
- 気分が乗らない
- かんに触る

etc.

レトリック

エトス

ロゴス

パトス

レトリックの３要素を
総動員することで、
論理的な主張の限界を
乗り越えられる

作成：アクセンチュア

正しい論理で主張を組み立てることは重要ですが、かといって、相手から反論の余地がない正論を上から目線でぶつけられて、嫌な気分になったり反発心を覚えたりしたことは、誰にでもあると思います。ほかにも、面倒だ、なんとなく嫌だ、気分が乗らない、行動しない理由があるが言いにくい等々、私たちは、いくらでも「やらない理由」を持っています。

「正しさ」は人の背中を押す原動力にはなり得ますが、「正しさだけ」では動かないのです。

とりわけビジネス上のコミュニケーションは、相手との関係性や立場などが色濃く反映され、面従腹背、忖度や配慮、場合によっては敵意や嫉妬などが入り交じります。

前述したように、相手を理解しようと、口を挟まず、相手の立場に立ってよく聞く、という一定のトレーニングを積めば、ある程度の精度で相手の気持ちを推し量り、対策を講じることは可能です。しかし、それだけではまだ十分とは言えません。その上で、相手の興味関心に沿った語り口や言葉選びができるようになる必要があります。そうすれば、意図とは異なる反応や対応を誘発しなくなり、軌道修正に費やす時間や労力は格段に減ります。無駄が省かれる分、コミュニケーションの質もぐんと高まるはずです。

このために、エトス、ロドス、パトスについてこれからご紹介するわけですが、この三つについて、アリストテレスは、使用する順番は、エトス、ロゴス、パトスの順であると、詳しくその活用法を述べています。

たとえば、退職すると連絡してきた部下を慰留する方法を例に、見てみましょう。

この場合、上司の立場なら、まず知りたいのは「部下が転職したいと思った理由」と「転職によって得たいもの」でしょう。

ただ、単刀直入に聞いて本心を語ってくれるとは限りません。

❶のエトスを用いて、自分自身の経験談を語ることから始めるとよいでしょう。過去に自分が転職を考えたときの状況や思いを、失敗談なども加えて率直に伝えます。

そして、それに対する相手の言葉を口を挟まずに聞きます。自分と部下の間に共通の価値観があることを感じてもらうためです。

次に、❷のロゴスのプロセスとして、コミュニケーションの過程で、転職を望むようになった背景や理由、転職で得たいものが見えてきたら、それを踏まえ、転職せずとも願いをかなえる手段や方法があることを具体的に示し、翻意を促します。論理力を用いるわけです。

そして、最後に試みるのが、❸パトス、感情へのアプローチです。

必要に応じて、相手の怒りや悲しみを刺激する話をしたり、場合によっては、組織への忠誠心や個人的な欲望、願望を煽る言葉をかけたりすることもあるでしょう。部下が尊敬する人物の振る舞いや考え方などを引き合いに出し、その人物を模倣するよう仕向けることもあるかもしれません。

この例については、第2部の実践編のドリルで、より詳しく内容を詰めていきます。

その前に、エトス、ロゴス、パトスについて、もう少し詳しく見ていきましょう。

1 エトスによる説得の技法

アリストテレスの言葉を借りれば、「徳・実践的知恵・公平無私の三点を兼ね備えた人間だと思われることで、人柄による説得が可能」になります。

①徳

「自分たちと同じ価値観を持っている」と思わせる

「きみの言うとおりだよ」と、相手の意見を聞き入れること、自分の欠点をあえて見せる、「かつては私もそうだった」と示すことなどがこれにあたります。私たちが普段、無意識のうちに、行っていることでもありますね。欠点だけでなく、自分の功績についても申し添えます。が、こちらは、自分で言うより、ほかの人に話してもらうほうがより効果的です。

②実践的知恵

何が正しい行いかを知っているように思わせる

アリストテレスによれば、これについては、経験をアピールすること、臨機応変に対応できる柔軟さを見せること、偏った考え方に固執していない（中庸である）ように見せることが重要だということです。

③公平無私

私利私欲ではなく、聞き手の利益を思いやっていると思わせる

「本当は、私にとっては不利なことなんですけれどね」と、自分の主張が、個人としては損であるように見せるのは、常套手段でありながら、効果的です。

その他のテクニック

その場（自分の立場、相手の立場、置かれた状況など）**にふさわしい言動をする**

アリストテレスは、あくまで「思わせる」ことが重要なので、必ずしもそういう人物になる必要はない、とも述べていますが、実際、そういう人物でありたいと私は思っています。

2 ロゴスによる説得の技法

アリストテレスは、「単に論理的であることに加え、**聞き手の考えを利用することと議論の主導権を握ること**も有効である」と述べています。

①共通認識を探る（聞き手の考えを利用する）

相手の話に耳を傾け、何を前提として議論しているかを把握します。繰り返し発言している内容や言葉遣いに注目すると、見えてきます。その上で、次の二つを意識します。

・事実を提示（議論の主導権を握る）

相手の興味関心に関する事実のうち、自分の主張を組み立てるのに役立つものを相手に提示します。

・言葉を再定義（議論の主導権を握る）

相手の言葉を受け入れつつ、意味をずらします。

たとえば、「そんなことをしても意味がない」と言われたら、「意味があるとはどういうことですか」と尋ねるのです。

②省略三段論法を構築する（聞き手の考えを利用する）

相手の言っていた内容を根拠に組み込んで、省略三段論法を構築します。

たとえば、ダイエットをしたいと言っていた夫に対して「お風呂掃除って、カロリー消費が多い家事らしいよ」と伝えるなど。この場合、カロリーの入力を減じ、出力を増やすのがダイエットの基本である、という前提を省略しています。ほかに次のような応用ができます。

・相手の主張の重要度を否定（議論の主導権を握る）

相手が拒否する理由は、大して重要でないということを示します。

例：めんどくさいと言う相手に、やれば五分で終わる作業であると示す。

・相手の議論を否定（議論の主導権を握る）

相手の主張の中の論理矛盾や正当性に欠く部分を指摘するという方法もあります。

いずれも、ちょっと嫌われそうですが、弁論には勝てるかもしれませんね。

3 パトスによる説得の技法

アリストテレスの言葉を借りれば、**「感情を動かすように伝え方を工夫し、煽る（刺激する）べき感情を利用する」**ことです。

感情を動かす伝え方のテクニックは、次の三つです。

①詳細に話す

聞き手の感情を動かすためにストーリーを語る際は、情景や人物描写など細部まで詳細に話すことが重要です。

フジテレビの、「人志松本のすべらない話」という番組をご存じでしょうか？　若手お笑い芸人が、「すべらない話」をひたすら披露していくトーク番組ですが、笑いをとることをゴールとしたストーリーテリングの素晴らしい教科書だと思います。

ほかに、怪談や古典落語も、非常に優れた教材となります。

②言葉を減らす

情緒的な発言については、矢継ぎ早に言葉を重ねるよりも、あえて言葉を減らすことで、重みが増します。

③感情を抑える

言葉の数だけでなく、感情そのものも、過剰に露わにするよりは、抑えている様を見せたほうが、相手の感情により訴えかける効果が大きいものです。

たとえば、泣いている子どもよりも泣きそうな子ども、大泣きよりも頬を伝う一滴の涙、のように。

▼相手の行動を促すために刺激すべき四つの感情

感情で人を動かすと言いますが、いくつもある感情の中で、相手を動かすために刺激すべき感情とは？

アリストテレスは、次の四つだと言います。

①怒り

善い悪いは別として、怒りは、人の行動を引き起こす最強の感情です。さまざまな革命も、民衆の怒りによって起こってきました。日常的にも、「悔しくないんですか!?」と問いかけることで、怒りの感情をかき立て、行動を促すといった手法は自然に用いられていると思います。逆に、そうした自分の怒りを安易に利用させないことも重要です。

②忠誠心

組織への帰属意識を煽り、組織の方針と行動を紐付けることで行動を引き起こせます。怒りと同様、戦争や独裁者の演説などにも用いられてきた人間の持つ強い感情だと言えます。

③模倣

尊敬する人物の行動を真似るという、一般的な人間の性質を利用するものです。企業のコマーシャルに人気タレントや文化人が用いられるのも、この性質を用いたものと言えるでしょう。説得においては、「あなたが尊敬するＸＸさんもやってますよ」といった形で用いられます。

④欲望

引き起こしたい行動によって、普段から抱いている欲望が満たされることを示します。こちらも、コマーシャルに利用されている感情ですね。

「この車に乗っているとモテますよ」「これを着れば、一流のビジネスマンに見えますよ」など。

アリストテレスの『弁論術』に学ぶ説得の技法、いかがでしたでしょうか。少々露骨でプリミティブな印象はぬぐえませんが、それだけに人間の本質をついているとも言えます。学ぶべきところは学び、取り入れてみることをお勧めします。

まとめ

アリストテレスの弁論術に説得の技法を学ぶ

❶エトス
「徳・実践的知恵・公平無私」の三点を兼ね備えた人間だと思わせる。

❷ロゴス
聞き手の考えを利用し、論理的に、議論の主導権を握る。

❸パトス
行動を引き起こす感情を利用する。その感情を刺激する話し方をする。
①詳細に話す
②言葉を減らす

③感情を抑える

行動を起こすために刺激すべき感情

①怒り

②忠誠心

③模倣

④欲望

4

学び方を学ぶ

本書をお読みの方の多くは、毎月多くのビジネス書を読まれていることと思います。そのうち、今すぐその内容を説明できる本はどのくらいあるでしょうか？

おそらく説明できる本と、説明できない本があると思います。そして、あなたが本当に読んだと言えるのは、説明できる本だけです。読んでも、人に説明できない、よく覚えていないというのは、読んだうちに入らない。なぜなら、それはスキルになっていないからです。

同様に、ここまで本書で学んだことも、読んですぐ忘れてしまうのでは意味がありません。覚えていたとしても、書く日本語が以前と変わらないのなら、コミュニケーションのレベルに進歩がないのなら、やはり、学んだことにはなりません。

脳に定着していないからです。自分のものとして身についていないからです。

学びは、それを脳に定着させることができなければ意味がありません。

では、どうやって定着させるのか？

最初に、コンサルティングファームで、事業会社で何十年もかかるような、あるいは、結局身につかないで終わるような学びを、一年もかからずに身につけることができる、というお話をしました。

新卒時には同じレベルだった人が、どうしてそのように差がついてしまうのか？

いったい、コンサルティングファームの学習法は、どこが、事業会社と違っているのか？

ずっと考えていましたが、ようやく結論が出ました。

一つは、**必要性**でした。

脳への刺激の入れ方、そして、入れた刺激の定着のさせ方、その全過程で重要なのが、「必要性」でした。

たとえば、山に行こうと思ってはじめて、山に必要な衣類や道具を選ぶようになります。山に行こうとしない人が専用のショップに行っても、何がなんだかわからないはずです。ビジネススキルも同様で、この課題解決には、特にこのＯＳが**必要だ！　必要だ！　必要だ！　と、脳が渇望する状態で、その情報を入れてあげたときだけ、定着する**のです。

よって、今、ほとんどのコンサルティングファームでは、新人研修の類いはやっていないはずです。

なぜやめたかというと、プロジェクトに入ってない中で、やれ論理だ、やれ日本語だといったところで、そもそも脳に入っていかない。それ自体は面白いものでもありませんから。

そこで、まずは、プロジェクトに入り、議事録を書かせます。すると、「何？　このクオリティの低さ！」みたいなダメ出しを死ぬほどされるわけです。そうやって、半年間ダメ出しされまくり、自分はどうして文章が書けないんだろう、自分はどうしてまとめられないんだろうと、悶々と悩んでいる、そのときに、日本語の書き方、論理の組み立て方を指導します。すると、心が欲していたからでしょう、ものすごく喜んで学びます。すーっと彼らの中に入っていくのがわかります。

そして、言います。

「中村さん、もっと早く教えてくれればよかったのに」

でも、半年前に、そういう刺激がない中で講義をやっても、みんな寝てしまうのです。だから、必ずその必要性を何らかの形で脳に持たせた上で、教えます。

渇望させたところに、刺激を入れる、これが、効果的な脳への刺激の入れ方です。

次に、入れた刺激の定着のさせ方。

これは当然、長期的に記憶に定着させることが非常に重要です。そして、それには、得たスキルを実践の中で使ってみる。そして、フィードバックをもらう。それが重要です。

実践して、フィードバックを受ける、その繰り返しによって、定着します。

事業会社の最大の課題は、学ぶ教材に溢れているのに、学ぶ内容が定まっていないことだと思います。コンサルティングファームでは、事業会社と比べると、実は学ぶことはかなり絞られています。そして、その絞られた学びを実践する機会は、豊富にあります。プロジェクトは、基本三ヶ月ごとで一つ完了するからです。トレーニングプログラムとしても非常によくできていると も言えます。

でも、これは逆に言うと、

①学ぶことを絞る
②必要性に迫られる状況の中で、脳に入れる（学び）
③学んだことを実践の中で定着させる

このやり方さえ身につければ、事業会社にいても、身につけることができる、ということです。

コンサルタントと同様、五年後には年収二千万円の市場価値を得ることも不可能ではないのです。

まとめ

学び方を学ぶ

❶刺激の入力には、「必要性」

渇望させたところに、刺激を入れる。これが、効果的な脳への刺激の入れ方。

❷刺激の定着には、「フィードバック」

実践して、フィードバックを受ける、その繰り返しによって、定着する。

第2部

コンサル脳を鍛える
錬成ドリル

コンサルの生産性の高さを決定づけているOSとも言える基本スキルとして、日本語・論理・コミュニケーションの三つをとりあげてきました。ではどうしたら、これらの「日本語」「論理」「コミュニケーション」を鍛えられるのでしょうか？

それは、前述のように、実践を積むことなのですが、実践に近い形での例題を解くことも、「本番」の役に立ちます。これから、実践に役立つ例題をお出しするので、肩慣らしのつもりで挑戦してみてください。わかったつもり、と、実際にわかって使えるようになることの違いを実感していただけますでしょうか？

なお、ビジネスにおける正解が一つではないように、この例題の答えも一つではありません。

あなたならどう解きますか？

錬成ドリル

——日本語編

日本語の問題―1

以下の文を適切に句点で区切り「キュレーション」の定義を一言で説明してください。

「キュレーション」とは要するに見かけのいいバケツであって、水を汲む場所がなければ成り立たないのだが、現在はその水を汲む場所を作ることが軽視される傾向があるようにも思われるため、弊社では記事を生産し、内容を作り出す、つまり水の湧き出す井戸の役割を担うことをポリシーとしている。

これはコミックナタリーを創刊した唐木元さんの書籍『新しい文章力の教室 苦手を得意に変えるナタリー式トレーニング』（インプレス刊）で紹介された、ニュース配信業者が自社の強みを書き起こした文章です。

ちなみに文頭に登場する「キュレーション（curation）」とは、情報を集め、整理し、わかりやすい形で例示することを意味し、ここではデータ解析技術や機械学習技術を駆使して、個人の嗜好に合った情報を届けることを指します。

見ての通り、一文にしてはかなり長い文章です。さっと読んだだけでは、何を伝えようとしているのかわかる人のほうが少ないでしょう。

この文章がわかりづらいのは、一つの文章に複数の情報が整理されぬまま羅列されているからです。

何度も書いている通り、わかりやすいビジネス文章は、読み手の主観や経験に左右されたり、行間を読ませるような推測や忖度が入り込んだりする余地がありません。その基本となるのが「一文一義」に徹したシンプルな文章です。

私なら例文を三つの文章に分け、書き手が伝えたいメッセージを次のように整理します。

1：キュレーションの定義

キュレーションとは要するに見かけのいいバケツであって、水を汲む場所がなければ成り立たない（のだが）。

2：現状への憂慮

現在はその水を汲む場所を作ることが軽視される傾向があるようにも思われる（ため）。

3：現状を踏まえた自社のポリシー

弊社では記事を生産し、内容を作り出す、つまり水の湧き出す井戸の役割を担うことをポリシーとしている。

一文一義を意識して句点を打ち、文章を区切るだけで、さらには見出しをつけることで、かなりわかりやすくなったはずです。

伝えたい内容をただ並べるだけでは、読み手に伝えたいメッセージを届けることはできません。特に長い文章はそれだけで読む気が削がれがちです。なるべく短い文章で区切るよう心がけるだけでも、文章はわかりやすくなります。

日本語の問題―2

A～Fの文のうち、最もわかりやすいものはどれですか。また、その選択肢を選んだ理由を考えてください。

A　白い固い布の敷かれた床

B　白い布の敷かれた固い床

C　布の敷かれた白い固い床

D　布の敷かれた固い白い床

E　固い白い布の敷かれた床

F　固い布の敷かれた白い床

「節を句よりも前に置く」という第一原則の適用例です。

主格（布）と述語（敷かれた）を備えた節が先に来ることで、ほかの単語や句による修飾との混同から免れることができます。白いと固いの順序は、どちらを先に想起させたいか次第です（本文61ページ参照）。

A　白い固い布の敷かれた床
B　白い布の敷かれた固い床

▼「白い」や「固い」が「布」を修飾しているのか、「床」を修飾しているのかわからない

Ⓒ　布の敷かれた白い固い床　正解
Ⓓ　布の敷かれた固い白い床　正解
E　固い白い布の敷かれた床
F　固い布の敷かれた白い床

▼A・Bと同様の問題が発生する

日本語の問題—3

A～Fの文のうち、最もわかりやすいものはどれですか。また、その選択肢を選んだ理由を考えてください。

A　私の上司が隣の部署の新入社員に作業を頼んだ
B　私の上司が作業を隣の部署の新入社員に頼んだ
C　隣の部署の新入社員に私の上司が作業を頼んだ
D　隣の部署の新入社員に作業を私の上司が頼んだ
E　作業を隣の部署の新入社員に私の上司が頼んだ
F　作業を私の上司が隣の部署の新入社員に頼んだ

「長い修飾語を先に」という第二原則の適用例です。

一般によく言われる「主語と述語を近づける」よりも、こちらを優先したほうが読みやすくなるケースが多いです。**英語と異なり、日本語においてS・Oは、述語Vに係るものとして同等に扱われる**ためです（本文56ページ参照）。

A 私の上司が隣の部署の新入社員に作業を頼んだ

B 私の上司が作業を隣の部署の新入社員に頼んだ

Ⓒ 隣の部署の新入社員に私の上司が作業を頼んだ 正解

D 隣の部署の新入社員に作業を私の上司が頼んだ

E 作業を隣の部署の新入社員に私の上司が頼んだ

F 作業を私の上司が隣の部署の新入社員に頼んだ

日本語の問題――4

A～Fの文のうち、最もわかりやすいものはどれですか。

A　二つの大河が古の人々に文明の発展をもたらした
B　二つの大河が文明の発展を古の人々にもたらした
C　古の人々に二つの大河が文明の発展をもたらした
D　古の人々に文明の発展を二つの大河がもたらした
E　文明の発展を二つの大河が古の人々にもたらした
F　文明の発展を古の人々に二つの大河がもたらした

「大状況から小状況へ、重大なものから重大でないものへ」という、修飾の順序の第三原則の適用例です。

「もたらした」という述語（V）を修飾する「二つの大河が」（S）、「古の人々に」（O）、「文明の発展を」（O）は、第一・第二原則では、対等です。

次に順序を規定する基準は、**どの情報から伝達すべきか**、です。この場合、大河と人の組み合わせで文明が生まれたことを説明しているので、「文明の発展を」は最後に来るのが適当でしょう。話の舞台になる大河のほうが大状況ですので、Aを正解としますが、文脈によっては、「古の人々に」を先に提示したCのほうがよいこともあります。

Ⓐ 二つの大河が古の人々に文明の発展をもたらした　正解
B 二つの大河が文明の発展を古の人々にもたらした
Ⓒ 古の人々に二つの大河が文明の発展をもたらした　次点で正解
D 古の人々に文明の発展を二つの大河がもたらした
E 文明の発展を二つの大河が古の人々にもたらした
F 文明の発展を古の人々に二つの大河がもたらした

日本語の問題―5

以下の文を適切に句点で区切り、一文ごとのトピックをひと言で説明してください。

（トピック例：言語と論理の重要性）

デスクワークは一種の知的生産活動であり、言語と論理がなければ成り立たないが、手紙からメールを経てチャットに慣れ親しむ現代人は特に言語を正しく使うことを軽視しがちであるように思われるため、弊社では知的生産の技術として正しく言語を運用することを社員教育において重視している。

デスクワークは一種の知的生産活動であり、言語と論理がなければ成り立たない。（①）
だが、手紙からメールを経てチャットに慣れ親しむ現代人は特に言語を正しく使うことを軽視しがちであるように思われる。（②）
そこで、弊社では、知的生産の技術として正しく言語を運用することを社員教育において重視している。（③）

①言語と論理の重要性
②言語が軽視される現状への憂慮
③現状を踏まえた弊社の教育方針

一文一文の役割が明確になりました。

日本語の問題―6

A～Fの文を、読点の用法という観点で三つに分類してください（本文72ページ参照）。

A　朝、目を覚ますということは、いつもあることで、別に変わったことではありません

B　彼は、明日の試合は荒天により中止だとコーチから知らされたことで大きなショックを受けた

C　何か気がかりな夢から目を覚ますと、自分が巨大な虫に変わっているのを発見した

D　日本を、取り戻す

E　欲しがりません、勝つまでは

F　発車まぎわに頓狂な声を出して駆け込んで来て、いきなり肌をぬいだと思ったら背中にお灸のあとがいっぱいあったので、三四郎の記憶に残っている

読点の用法の原則は、次の二つです（本文72ページ参照）。

第一原則　長い修飾語が二つ以上あるとき、その境界に読点を打つ。

第二原則　語順が通常と逆になる場合に読点を打つ。

CとFが第一原則、BとEが第二原則の適用例。

AとDは第一原則でも第二原則でもない、表現技法としての読点。

小説やコピーライティングでは、実用文としては不要な読点を用いることがあります。

日本語の問題―7

読点の削除または追加によって、A・Bそれぞれの文を読みやすくしてください。

A　体育館の中で円陣を組んで部長と、監督が檄を飛ばした

B　私は、日本語と論理を、正しく運用することが、人を、動かすには必須であると信じている

A

第一原則（**長い修飾語が二つ以上あるとき、その境界に読点を打つ**）に従うと、「円陣を組んで」の後に読点を打つのが適切である。

体育館の中で円陣を組んで、部長と監督が檄を飛ばした

B

「日本語と論理を」に読点を打ってしまうと、「日本語と論理を正しく運用することが」という長い修飾語の塊が見えにくくなってしまうため、第一原則の観点から読点を減らすべきです。

「人を」の後の読点も同様の観点から削除します。

「私は」の後の読点は、第二原則（語順が通常と逆になる場合に読点を打つ）に従ったもの。本来、「信じている」の前に就けるべきところ、「私は」を強調するために前に持ってきたからです。

私は、日本語と論理を正しく運用することが、人を動かすには必須であると信じている

日本語の問題—8

以下の文を、一文のまま読みやすく書き換えてください。

暑いので、待っているのも辛かったので、いったん家に戻ったので、到着が遅くなってしまいました。

助詞の適切な使い方としては、まず、同じ助詞の繰り返しを避ける、ということがあります。ここでは、「ので」の繰り返しを避けるための工夫が必要です。ほかにも「が」や「て」で文を繋いでしまうことがありがちなため、注意が必要です。

暑く待っているのも辛かったので、いったん家に戻ったら到着が遅くなってしまいました。

日本語の問題—9

A～Dの文を、助詞「は」の用法という観点で二つに分類してください。

A　幼少期に漫画**は**読ませてもらえませんでした

B　吾輩**は**猫である

C　晩御飯の献立**は**ハンバーグとお味噌汁です

D　今日**は**特別に答えを教えてあげよう

AとDは制限・対照の「は」。「本は読ませてもらえた」「明日は教えない」といった意味を含みます。

BとCは文のテーマを表す「は」。「この文は吾輩の話である」というだけで、「貴様は猫ではない」といった意味は含みません。

日本語の問題―10

A〜Gの文中にある〈　〉に適切な単語を入れてください。

A　とても素敵なコートを見つけてしまった。〈　〉セールで半額になっている

B　本を読んでも人に聞いてもわからなかった。〈　〉答えなど無いのだ

C　私はもう諦めた。〈　〉もう学校も行かないし塾も行かないし勉強もしないということだ

D　貿易は商品の両方向の流れである。〈　〉輸出と輸入からなる

E　日本人にとって英語学習は難しい。〈　〉日本語に比べて英語は多くの母音を用いるからだ

F　明日は雨だ。〈　〉練習は中止だ

G　スポーツにおいてオリンピックが世界一の大会とは限らない。〈　〉サッカーはその典型だ

二つの文を繋げて、文章にするときの繋げ方に関する問題です。
ここでは、論理展開を表す単語のうち、七種類の順接の単語が入ります。

A　しかも→付加（A+B）

B　つまり→解説 - 要約（A＞B）

C　すなわち→解説 - 敷衍（わかりやすく説明する）（A＜B）

D　すなわち→解説 - 換言（言い換える）（A＝B）

E　なぜなら→論証 - 根拠（A←B）

F　ゆえに→論証（A→B）

G　たとえば→例示（解説と論証にまたがる）

日本語の問題―11

A～Fの文中にある〈　〉に適切な単語を入れてください。

A　あの店は高い。〈　〉味は一流だ

B　あの店は安いので学生が集う。〈　〉味は一流だ

C　今日は答えを教えてあげよう。〈　〉今日だけだぞ

D　〈　〉紙のメモはもう古臭いのかもしれない。しかし、聞き手の真剣さを訴えるには今も有効だ

E　できる限り正確な日本語を使いたい。〈　〉言語である以上は正解などないのだが

F　私は野球部に入った。〈　〉彼はサッカー部に入った

二つの文を繋げて、文章にするときの繋げ方に関する問題の、今度は、論理展開を表す単語のうち、逆接の単語が入る場合です。

A　しかし↓**転換**（直接的な対比。後者が主）
B　しかし↓**転換**（前者から想像される結論と後者が対比されている）
C　ただし↓**制限**
D　たしかに↓**譲歩**（相手の意見を受け入れる）
E　もちろん↓**譲歩**（一般論を受け入れる）
F　一方↓**対比**

日本語の問題―12

以下の文中にある「それ」を、適切な単語に置き換えてください。

当初は三ヶ月で資料を作成し、講義を開始するはずだった。しかし、さまざまな内容を盛り込んでいくうちに、**それ**が遅れてしまった。結局、**それ**が開始したのは一年後だった。

指示語の使用は、誰が読んでも確実にわかる場合に限るべきです。そうでないと、人によって解釈が異なり、業務が著しく遅延する原因となります。

ここでは、指示語の内容を要約して名詞化された表現に置き換えるわけですが、原文だと、資料の作成開始、資料の完成、講義の開始、のうちどれが遅れたのか不明瞭です。

仮に、最初の「それ」を、「資料の完成」、次の「それ」を「講義の開始」とした場合は、次のようになります。

当初は三ヶ月で資料を作成し、講義を開始するはずだった。しかし、さまざまな内容を盛り込んでいくうちに、**資料の完成**が遅れてしまった。結局、**講義**が開始したのは一年後だった。

日本語の問題―13

不要な単語を削ってA～Eの文・文章を読みやすくしてください。

A　二兎追う者は一兎も得ずということを思い知った
B　弊社としての考えはこうだ
C　この本を読んだことで僕は旅に出ようと思った
D　彼は鬼のように厳しい上司の下で育った
E　グレゴール・ザムザは夢から覚めて起きた。そしてザムザはベッドの中の自分が一匹の毒虫に変わっているのに気がついた。またザムザはうまく起き上がれないことにも気がついた。

本文の中では触れませんでしたが、よくありがちな日本語の課題を挙げてみましょう。推敲のテクニックでもあります。

A　二兎追う者は一兎も得ず~~ということ~~を思い知った

「ということ」は無意識に使いがちだが、往々にして不要なことが多い

B　弊社~~として~~の考えはこうだ

英訳した際にasにならない「として」も、無意識に使われがちである

C　この本を読んだ~~こと~~で僕は旅に出ようと思った

不必要な「こと」も無意識に使われがちである

D　彼は鬼~~のように~~厳しい上司の下で育った

紋切り型の比喩は、あってもなくても情報量が変わらないため削る

E　グレゴール・ザムザは夢から覚めて起きた。そして~~ザムザは~~ベッドの中の自分が一匹の毒虫に変わっているのに気がついた。また~~ザムザは~~うまく起き上がれないことにも気がついた。

主語をいちいち明示すると文がくどくなってしまうため、文脈上明白な場合は削る

日本語の問題—14

1～5の文で構成される以下の文章のうち、内容がほかの部分と重複する、単語・文節・文を一つずつ削ってください。

1 「論理」とは、言葉同士が相互にもっている関連性にほかならない。

2 個々の主張が単発の発言に終わることなく、ほかの主張と関連しあっていく。

3 そうして、互いに関連づけられ、言葉はばらばらの断片から有機的な全体へと生命を与えられるのである。

4 それゆえ、「論理的になる」とは、この関連性に敏感になり、言葉を大きなまとまりで見通す力を身につけることにほかならない。

5 言葉同士の関連性に鈍感ゆえに、言葉を大きなまとまりで見通す力がない状態は「非論理的」ということにほかならない。

1　「論理」とは、言葉同士が相互にもっている関連性にほかならない。

「同士」と重複

2　個々の主張が単発の発言に終わることなく、ほかの主張と関連しあっていく。

3　そうして、互いに関連づけられ、言葉はばらばらの断片から有機的な全体へと生命を与えられるのである。

前の文を参照する「そうして」と重複

4　それゆえ、「論理的になる」とは、この関連性に敏感になり、言葉を大きなまとまりで見通す力を身につけることにほかならない。

5　言葉同士の関連性に鈍感ゆえに、言葉を大きなまとまりで見通す力がない状態は「非論理的」ということにほかならない。

前の文と完全に重複。論理的には対偶（命題の仮定と結論を否定に置き換え、両者を入れ換えた命題）**の関係**

日本語の問題—15

A〜Cの文が、ビジネス実用文（つまり、文学ではないということ）としてより明晰になるように書き換えてください。

（補足する内容は自由に考えてください。その結果、多少文意が変わってもかまいません）

A　花のように美しい姿に私は驚いた

B　オリンピックに合わせた企画を考えてきてくれ

C　今月中に、来年度の方針について整理することになりました

A　比喩は具体性を欠く表現に繫がることが多いので、使用する上では注意が必要です。この場合であれば、どのような姿であったかを具体的に描写するほうが適切です。

実用文において比喩を使用するのは、説明相手にとって未知のものを既知のものにたとえる場合のみ（例：ニューヨークの五番街は、東京で言えば銀座のような場所だ）、と覚えておきましょう。

例：背が高くスラッとした姿に私は驚いた

B　「企画」という表現だけでは、何を頼まれているのか担当者はわからないでしょう。販促イベントを計画をしたことがない人にとっては、「実施計画」すらも曖昧だと思われます（相手によっては「合わせた」も曖昧）。

「この文で、自分の考えは意味の歪みや解像度の低下なしに相手に伝わるか？」

「そもそも自分の考えの解像度は十分に高まっているか？」

という二つの自問自答をしながら推敲しましょう。

例：オリンピックに合わせた自社商品の販促イベントの実施計画を考えてきてくれ

C 「企画」のような名詞だけでなく、「整理」などの動詞においても上記と同様の問題が発生しがちです

例：今月中に、会議中に挙げられた来年度の方針のオプションを比較した結果を用意することになりました

例：今月中に、来年度の方針について各部署の意見を集めてディスカッションの準備をすることになりました

錬成ドリル ――論理編

論理の問題—1

上下のボックスの間で「つまりどういうことか」(So What?)、「なぜそう言えるのか」(So Why?)の関係が成立するように、XXを記述してください。

＊ヒント　洋酒メーカーのマーケティング部長に向けた示唆を書く(「XXすべき」の形式になっていることが好ましい)

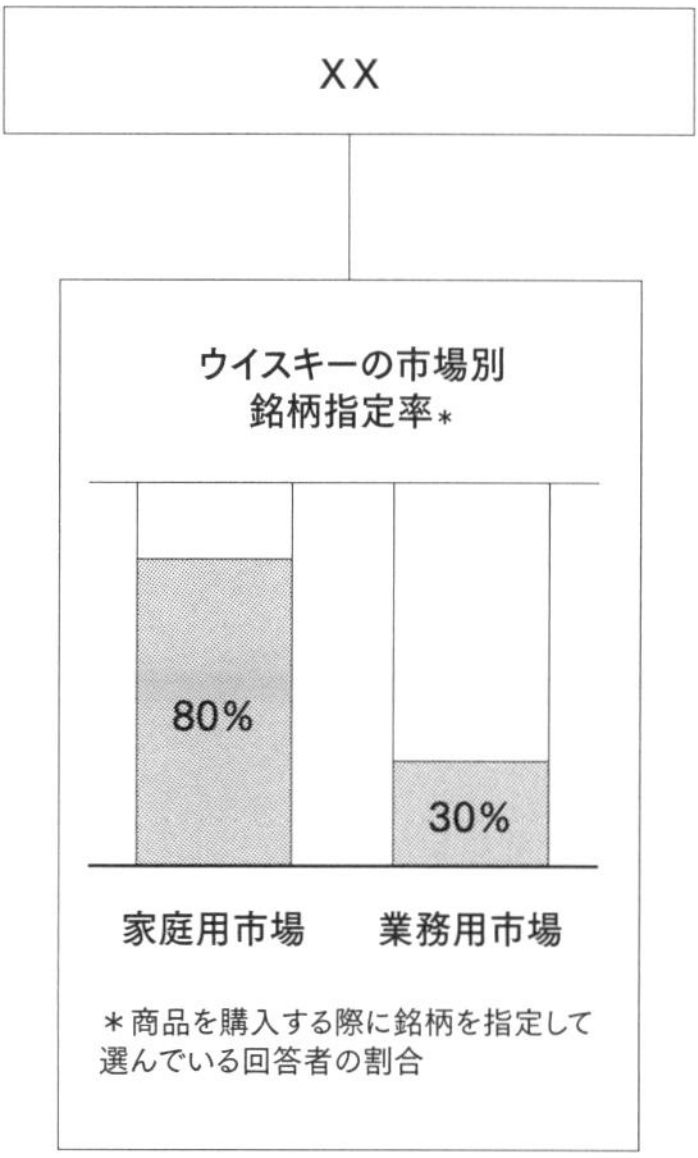

家庭用市場ではブランドイメージの向上・浸透を図る施策を行うべきである一方、業務用市場では価格改定などブランド以外の購買決定要因にアプローチする施策を行うべき

家庭用市場ではブランドイメージの
向上・浸透を図る施策を
行うべきである一方、
業務用市場では価格改定など、
ブランド以外の購買決定要因に
アプローチする施策を行うべき

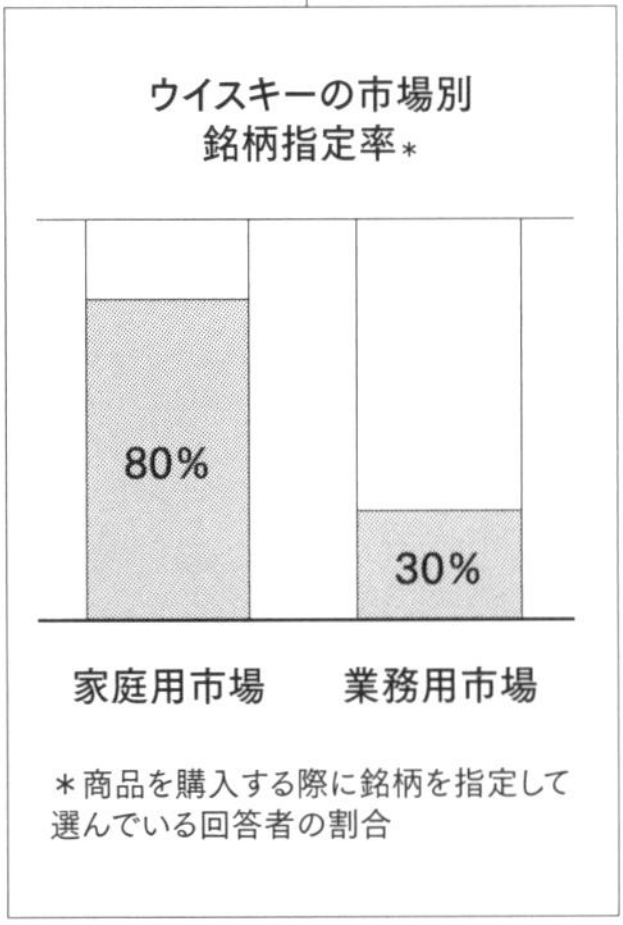

論理の問題―2

次の論証が的確でない理由を指摘してください。

欧米では宅内でも靴を履く生活が一般的だ

なぜなら…

1 アメリカでは宅内でも靴を履く生活が一般的だ

2 イギリスでは宅内でも靴を履く生活が一般的だ

3 フランスでは宅内でも靴を履く生活が一般的だ

4 ドイツでは宅内でも靴を履く生活が一般的だ

1―4が事実だとしても、一般に欧米の一国と見なされるスペインや、ノルウェーなど北欧諸国では、宅内では靴を脱ぎ室内履きを履く生活が一般的です。ゆえに、帰納推論の論拠としては不十分。次のように修正します。

欧米では宅内でも靴を履く生活が一般的だ

1　欧米とはXX、YY…ZZのNカ国のことを指す

2　XX、YY…ZZのNカ国全ての国において、宅内でも靴を履く生活が一般的だ

論理の問題──3

A～Fの文を、推測の論理構造に沿って三つに分類してください（本文111ページ参照）。

A　宝石が盗まれた夜に番犬が吠えなかったということは、犯人は屋敷内の人間だったのではないか

B　自分の甥っ子も、アルバイトの学生も、上司のお子さんもパソコンを使わないそうだ。今の若者はみんなパソコンを使わないのだろう

C　彼は昨日徹夜していたから疲れているだろう

D　今まで会った外国人は皆日本に興味を持っていた。海外では日本が注目されているのだろう

E　さっきまでの雨量と今の晴れ具合からして、外に出たら虹が見られるんじゃないか

F　髪の伸び具合、靴のすり減り方、荷物の多さからして彼は旅人だろう

演繹推論…三段論法。AならばB、BならばC、ゆえにAならばC
帰納推論…AもBもCもみんなDだった。きっと全部Dなんだろう
仮説推論…A、B、Cという状況がある。Dだったら全部説明がつくな

AF↓仮説推論：状況を最もよく説明する仮説を提示するパターン
BD↓帰納推論：複数の個別事象から一般法則を仮説として導出するパターン
CE↓背景法則に基づく推理：必ずしも正しいとは言い切れない大前提を小前提に適用する演繹推論のパターン

論理の問題―4

「東京タワーの売上を増やすには、どのような施策を実施するべきか？」という大きな問い（キーイシュー）を、より答えやすい問いに分解して、キーイシュー・サブイシュー・サブサブイシューから成るイシューツリーを作成してください。

「問いを分解」とは、分解後の問いに対する答えを組み合わせると、分解前の問いの答えが論理的に導出される状態をつくることを指します（＝答えを並べるとロジックツリーになります。が、ロジックツリーの作成は不要です）。

＊ヒント　問い（イシュー）の分解によくあるパターン

- **ネガティブな状況をどう解決すべきか**
- 今どんな問題が生じているか
- 問題の原因は何か
- 原因を解決するのに最も適した手段は
- **もっとよくするにはどうしたらいいのか**
- 今どうなっているか
- その中における課題は
- 課題を解決するのに最も適した手段は
- **一番いい選択肢は何か**
- どのような選択肢があるか
- 選定基準は何か
- 選定基準に照らし合わせた選定結果は何か

東京タワーの売上を増やすには、どのような施策を実施するべきか

- **東京タワーのビジネスは現在どのような状況にあると捉えるべきか?**
- 東京タワーのビジネスはどのような売上で構成されているか?
- 各売上はどのようなドライバーに分解されるか?
- なぜ顧客は東京タワーを訪れているのか?
- 東京タワーは競合企業に対して優位性を発揮できているか?
- **売上成長に向けて、どのような課題を解決すべきか?**
- 東京タワーに人が集まっていない原因は何であると捉えるべきか?
- 東京タワーに訪れた人がお金を使わない原因は何であると捉えるべきか?
- **課題解決に向けてどのような施策を実施すべきか?**
- 課題解決に向けてどのような施策が考えられるか?
- 各施策の実現性はどの程度と見積もるべきか?
- 各施策の想定効果はどの程度と見積もるべきか?
- 実現性・想定効果の観点で、どの施策を優先的に実施すべきか?

錬成ドリル ― コミュニケーション編

コミュニケーションの問題

あなた（田中課長）の部下（佐藤主任）から退職を希望する旨のメールが届きました。彼を慰留するような返信を、あなたならどう書きますか？

この場合、佐藤主任のキャラクターによって、効果的な説得法は変わってきます。次のページに挙げるA、B、C、三つのパターンのキャラクター設定にしたがって、それぞれ、一緒に考えてみましょう。

佐藤主任に関するパターンA・B・C共通の設定

- 一年目からずっと田中課長の営業第一課に所属
- 大学まで野球部に所属しており、典型的な体育会系タイプ
- 頭がキレるタイプではないが、人なつっこい性格がゆえに営業に向いている
- 持ち前の向学心で積極的に学び、すでに中堅社員として活躍している
- 重要な顧客に気に入られており、佐藤が抜けると課の営業成績が下がることが懸念される

退職のお願い

田中課長

お疲れ様です。佐藤です。

突然の申し出になってしまい恐縮ですが、11 月末で退職させていただきたくメールを差し上げました。

本来であれば対面にてご挨拶すべきところを、メールでのご連絡となってしまい申し訳ございません。


これまで相談しておらず大変恐縮ですが、このところ転職活動をしておりまして、昨日内定をいただきました。
12 月からはコンサルティングファームで、業界の外から日本の製造業を変えていくような仕事をしたいと考えています。

第一営業部は非常に居心地がよく、決して今の仕事が嫌になったから転職するというわけではありません。

ただ、20 代・30 代のうちはより厳しい環境に身を置いて、ビジネスパーソンとして成長していきたいと考えたため、このような決断をさせていただきました。

初芝電器に入社してから 3 年半になりますが、これまで田中課長に教わった営業のいろはは自分の血肉となっています。

せっかく育てていただいたにもかかわらず転職してしまうのは大変恐縮ですが、これまで教わったことを活かして日本の製造業の成長に貢献していきたいと思います。


誠に身勝手ではありますが、退職についてご了承いただけますよう、重ねてお願いいたします。

パターンAのみの設定

・転職をしたい本当の理由は、田中課長からの指導がきつく、パワハラと感じているから
・田中課長に悪気はなく、自分が育てたいと思った相手に指導としてキツく当たってしまうタイプであるということは理解しているが、限界を感じている
・すでに、パワハラについて人事に報告しているが、何の対応も取られないことから会社全体に対する不信感を持つようになった
・同じ課のメンバーも、田中課長が佐藤にだけやたら厳しいことを知りつつも、見て見ぬ振りをしている状況であり、課自体に居心地の悪さを感じている

パターンBのみの設定

・転職をしたい本当の理由は、会社の成長性と自身の成長環境に疑問を感じているから
・競合の外資メーカーで働く大学の同級生と話していると、管理職以上のスキルレベルが全く異なっており、初芝電器では逆立ちしても勝てないと感じた
・初芝電器は、電機メーカーなのにもかかわらず部長・役員・社長みなデジタル

に疎い
・実際、株価も右肩下がりとなっており、自社株も全て手放した
・さらに、十分努力してきたのに同期で一番に出世したのが自分でなかったことにもショックを受けており、自分が戦うべきフィールドはここではないのではないかと思い始めた（他責思考）

パターンCのみの設定
・転職をしたい本当の理由は、とにかく収入を上げたいから
・コンサルティングファームや投資銀行で働く大学のゼミの同級生と久しぶりに会った際、住んでいる家、外食の店選び、旅行先など、たった数年の間に生活レベルが大きく乖離し始めていることに驚いた
・それ以降、そもそも会社のオフィスが古臭いことなども気になるようになり、ミーハーだとは思いつつも、キラキラしたオフィスでハードワークに勤しみ、大きく稼ぎたいと思うようになった

＊ヒント

佐藤主任は初芝電器からコンサルティングファームに転職すべきでない理由を、ロジックツリーにしてみます。その上で、パターンA～Cのどれに当てはまるのかを「聞き」出し、そこに向けて、「説得」します。

【待遇】初芝電器にいたほうが、中長期的には好待遇が見込める

- 短期的にはコンサルティングファームに転職することによって年収アップが見込めるが、中途入社社員の平均勤続年数は短い
- コンサルティングファームに転職して1-2年で退職するのに比べると、初芝電器で生え抜きの幹部候補社員として早く管理職になり、将来的に役員まで上がるほうが、生涯年収は高くなる

佐藤主任は初芝電器からコンサルティングファームに転職すべきでない

【成長】初芝電器にいたほうが、ビジネスパーソンとして成長できる

- コンサルに移ってすぐは、調査・資料作成に忙殺され、基礎スキルしか身につかない
- 管理職になっても、少数の優秀な社員しか管理しないため、マネジメントスキルが身につかない
- 一方初芝電器では、昨今の成果主義導入の風潮もあるため、このまま出世ルートに乗っていれば早くから管理職になれる
- さらには、子会社出向によって実際に経営を学ぶこともできる

【成果】初芝電器にいたほうが、業界にインパクトのある仕事ができる

- 初芝電器でもコンサルは多く使っているが、結局意思決定をしているのは初芝電器側である
- 初芝電器では、本社の役員になる前から、子会社の取締役や役員として経営の意思決定に携わることができる

【環境】初芝電器にいたほうが、働きやすい環境が用意されている

- コンサルティングファームでは短期スパンでの出世を続けることが求められるため、ライフステージの変化に応じて働き方を変えることが難しい
- 初芝電器では育児休暇や時短勤務など、ライフステージの変化に応じた自由な働き方ができる
- キャリアに対する考え方が変わった場合でも、柔軟に働き方を選ぶことができる

今つくったロジックツリーは、アリストテレスの説得の3ステップのうちの「ロゴス」の部分です。

その前に、エトスのステップとして、共感と信頼を得、最後は、パトスで情に訴えます（本文162〜3ページ参照）。


この三つの順序に沿って行うだけでも説得する力は大いに高まります。

さらに説得する技術に磨きをかけるのであれば、ロールプレイを通じて自ら「説得される側」に回る経験をするのがお勧めです。

上司役に加え、部下役であるあなたと上司役の人物それぞれがどんな背景を持った人物なのか、設定を考える人が必要になりますが、やってみる価値はあります。

あなたは、自分にあてがわれた設定を踏まえ、上司役の人物から転職を思いとどまるよう説得を受けるのです。

上司の慰留に応じる気持ちになったか、それとも転職の意思を貫くことができたかは、それほど大きな問題ではありません。むしろ大事なのは結果が出たあとです。上司役、部下役それぞれの設定をオープンにし、お互いの立場から説得の過程で感じたこと、気持ちの変化について話してみてください。驚くほど相手の発言の意図や気持ちを汲み取れていなかったり、想像以上に自分の思いが伝わっていなかったりしていたことに気づくでしょう。そうした気づきが、コミュニケーションの質や説得力を高めるきっかけになります。

「日本語」「論理」「コミュニケーション」を鍛えることは、人間に対する見識や理解を深めることに通じます。それはやがて、より高いポジションで大きな責任を担う際の優れた後ろ盾になってくれるはずです。まずは自分が所属するチームでできることから始めてみてください。その努力はいずれ目に見える成果になってきっと返ってくるでしょう。

コンサル脳を鍛える10冊

日本語の作文技術

本多勝一―著　朝日新聞出版　328ページ

1976年の単行本初版刊行以来、ちゃんとした日本語を書くための基礎的技術をまとめた、いわば教科書として、半世紀にわたって読み継がれるロングセラー。硬い文章がとっつきづらく感じるかもしれないが、実用的な日本語作文のエッセンスが最も多く詰まっている。本書でも、修飾の順序、句読点の打ち方、助詞の使い方の項において、参考にさせていただいている。

新しい文章力の教室
苦手を得意に変えるナタリー式トレーニング

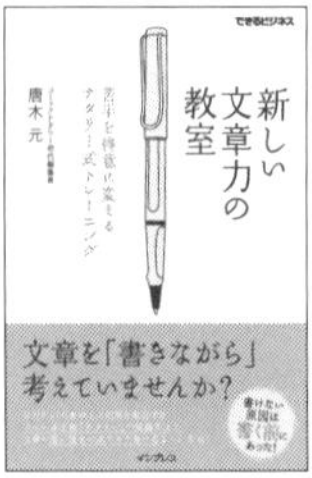

唐木　元｜著　インプレス　208ページ

ライティングの指導書といえば、真っ先に声が上がる良書、文章の中身に関するポイントも含めて七十七の要点がコンパクトにまとめられていて読みやすく、目次を見るだけで復習ができます。文章の初心者からプロフェッショナルまで。本書のドリルの参考にもさせていただいている。

新版　論理トレーニング

野矢茂樹｜著　産業図書　224ページ

大学で論理学の教壇に立つ哲学科教員が書いているだけあり、最も厳密な論理をわかりやすく学べる一般向けの書籍。トレーニングの名の通り、多くの問題を常にバージョンアップしながら、掲載。楽しみながら、論理力を身につけることができる。こちらも、ドリルの参考にさせていただている。

論理力を鍛える

論点思考

内田和成―著　東洋経済新報社　235ページ

コンサルティングの現場で頻出するワードである「論点」。これは、「解くべき問題」のことだが、あなたがいま解いている問題、あるいはこれから解こうとしている問題は正しいのか、他に解くべき問題があるのではないかと、その重要性から実践的な活用法までを説く良書。

考える技術・書く技術――問題解決力を伸ばすピラミッド原則

バーバラ・ミント―著　山﨑康司―訳　ダイヤモンド社　289ページ

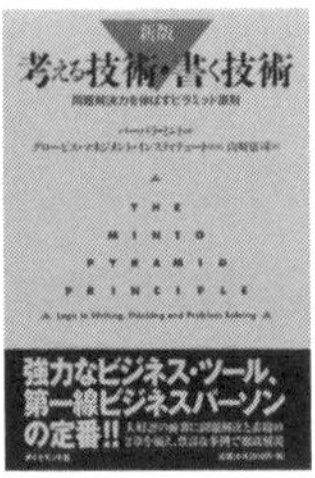

ロジカルシンキング本の原点。類似の書籍が多く存在する「考える」部分もさることながら、後半の「書く」部分は唯一無二かつ実用的。「多くの人がわかりやすい文章を書けないのは、論理構造に問題があるからだ」とした上で、自らが考案した「ピラミッド原則」に基づき、物事を上手に論理立てて述べるテクニックを伝授していく。

経営参謀が明かす 論理思考と発想の技術

後正武／著　PHP研究所　Kindle Scribeで300ページ

長年コンサルタントとして活躍してきた著者が、自身の経験を踏まえながら、実務的な視点でロジカルシンキング・論点思考を解説。基本的なトレーニングやテクニックを網羅しており、ロジカル・シンキングの基礎を学ぶことができる。

コミュニケーション力を鍛える

ロジカル・シンキング

照屋華子・岡田恵子―著　東洋経済新報社　２２７ページ

『考える技術・書く技術』で説明されているピラミッド・プリンシプルやビジネスコミュニケーションにおける原理原則をわかりやすく解説。「ロジカル・コミュニケーション」の手法として、おもに、話の重複や漏れ、ずれをなくす技術である「ＭＥＣＥ（ミーシー）」と、話の飛びをなくす技術である「So What? Why So?」を身につけることを説いている。

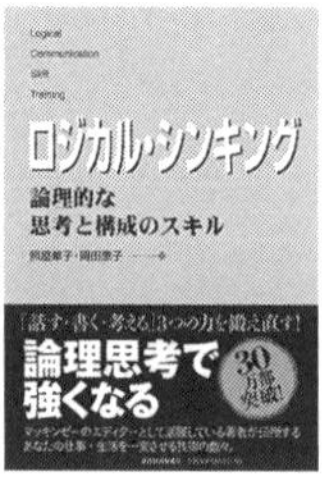

ＴＨＥ　ＲＨＥＴＯＲＩＣ
人生の武器としての伝える技術

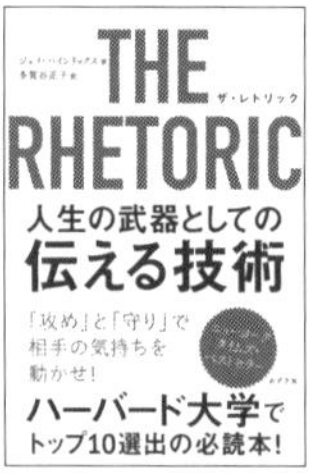

ジェイ・ハインリックス―著　ポプラ社　557ページ

アリストテレスの『弁論術』を参考に、人間の心理を理解した上で相手を説得するアプローチを、リンカーンからホームズまで歴史上の達人達の実用的な例を交えながら数多く紹介している。

伝わる・揺さぶる！　文章を書く

山田ズーニー―著　PHP研究所　236ページ

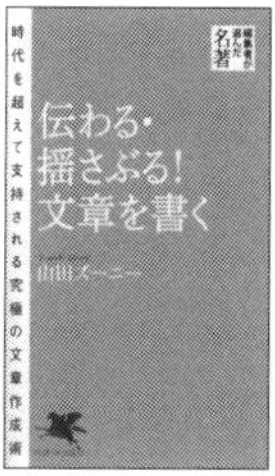

長年、高校生の小論文指導に携わってきた著者が、よい文章を書くための戦略を豊富な実例とともにアドバイス。タイトル通り、正しく意味が伝わるだけでなく、読み手が共鳴し心が動くような文章を書くためのエッセンスを説く本書は、単なる文章のテクニックを超え、コミュニケーションの本質に迫る良書でもある。

コンサルタントとしてのあり方を確認する

プロフェッショナリズムと問題解決の実践

トーキョーハーバー――著　Kindle Scribeで125ページ

問題解決の定石、ツールの概要など、コンサルティングノウハウを包括的かつ実践的に概説。さらに、プロフェッショナルとしての仕事の取り組み方を説く本書は、コンサルタントに限らず、全ての社会人が知っておくべき示唆に溢れている。

あとがき

新卒でＩＴコンサルティングを行うベンチャーに入社した私は、数年後、はじめての転職で、外資のコンサルティングファームに籍を置きました。そして、一ヶ月後、早くも壁に。

「中村さん、プロフェッショナルファームでは2ストライクでアウト。あなたは今、1ストライクね」

最初のプロジェクトの中間報告後のランチで、当時のプロジェクトマネジャーから宣告されました。

ストレスもあったのでしょう。同時に、帯状疱疹を患い、寝込むこととなってしまいました。

思えば、それが転機でした。寝込んでいる中で、いろいろな感情が湧き上がってきましたが、はっきりしていたのは、私のスキルの低さでした。

圧倒的なスキルを身につけよう。
それまでの私は、どこか受け身でした。甘えていました。スキルは自分から獲りに行かなければ身につかない。病明けから早々に、心機一転、生活を変えました。

朝早くから深夜まで働く。深夜オフィスを最後に出るときに、プリンターの前に誰かが書いたまま放置しているスライドを自分の席に持っていき（もう時効なので言います）、翌朝そのスライドを模写する。週末のうち一日はトレーニングにあて、一週間言われ続けた指摘をノートにまとめる。
――そして、八年後、ＢＣＧ（ボストン コンサルティング グループ）の人事から、「中村さんは最もＢＣＧらしいケースリーダー（プロジェクトマネジャーのこと）なので、後輩向けにその要諦をまとめてください」と言われました。

ようやく、自分にスキルが身についていることを実感しました。八年間、遠回りばかりでしたが、おかげでコンサルティングスキルを学ぶ道や必要な知識に広く深く触れることができました。

でも、八年もかかりました。私の頭の悪さはあれど、八年間というのは、コンサルタント、ファーム双方にとって、どうなんだろう。余りに無駄が多いのではないか。トレーニングプログラムを改善する余地が大いにあるのではないか、と思いました。

こうして、ＢＣＧから転職したアクセンチュアでは、本格的にトレーニングプログラムの開発に着手しました。それは、ＢＣＧでの修業時代の自分との会話でした。

当時の自分は何をすべきだったか、そして、何をしてはいけなかったのか。

そんなことを一つひとつコンテンツに落とし、「アクセンチュア」「フィールドマネージメント」「スプートニックデザイン」で働く若手のコンサルタントに提供し、その内容を磨き込んできました。

本質的なことを、易しく実践的に再現性高く。

それがこのような形で書籍になり、本当にうれしく思っています。


アクセンチュア時代からトレーニングプログラムの開発をサポートしてくれた、スプートニックデザインの大森さんには、書籍化にあたっても多大なサポートをいただきました。ここに心から感謝申し上げます。また、このBOW BOOKSの干場さんと、彼女を繋いでくれた、そして、現職の機会をもたらしてくれているフィールドマネージメント社ファウンダーの並木さんにも、この場を借りて、御礼申し上げます。

中村健太郎
二〇二三年　新春

著者紹介

中村健太郎
なかむら けんたろう

株式会社FIELD MANAGEMENT STRATEGY　代表取締役社長CEO
エリース東京株式会社　代表取締役社長CEO
公益財団法人日本プロサッカーリーグ（Jリーグ）　ストラテジーダイレクター
学校法人西軽井沢学園　理事

1978年生まれ。中央大学卒業後、フューチャーシステムコンサルティング（現フューチャーアーキテクト）に入社。その後ローランド・ベルガーで戦略コンサルタント、ボストン コンサルティング グループ（BCG）でプリンシパルを務め、2016年アクセンチュアに転職。ストラテジーグループの通信・メディア・ハイテク業界のアジア太平洋・アフリカ・中東・トルコ地区統括やインダストリーコンサルティンググループ日本統括などのリーダーシップロールを歴任。2022年8月より現職。

BOW BOOKS 015

コンサル脳を鍛える

発行日　2023年2月25日　第1刷

著者　中村健太郎
発行人　干場弓子
発行所　株式会社BOW&PARTNERS
https://www.bow.jp　info@bow.jp
発売所　株式会社 中央経済グループパブリッシング
〒101-0051　東京都千代田区神田神保町1-31-2
電話 03-3293-3381　FAX 03-3291-4437

ブックデザイン　加藤賢策（LABORATORIES）
編集協力＋DTP　BK's Factory
校正　小宮雄介
印刷所　中央精版印刷株式会社

ISBN978-4-502-46111-8